철학 콘서트

3

철 학 콘 서 트

묵자의 사랑론에서 니체의 영겁회귀까지
삶의 의미를 캐묻는 10인의 위대한 생각들

황광우 지음

생각
정원

과유불급(過猶不及),
덜어내고 덜어내다

앎은 공유하는 것이다. 지식은 소수의 전유물이 아닌 모두의 공유물이다. 나는 20대부터 그렇게 생각하고 글을 썼고, 그 신념은 지금도 확고하다.

그런데 '쉬운 글'은 '내용이 없는 글'이라는 오해를 받는다. '어려운 글'을 써야만 '수준 높은 글'이고, '쉬운 글'은 '수준이 낮은 글'이라는 좋지 않은 소리가 들린다.

생각이 무르익지 않은 시점에 글을 쓰면 어려운 글이 나온다. 위대한 사상가의 글은 쉽다. 호메로스의 서사시, 플라톤의 대화집, 노자의 잠언, 공자의 대화록은 모두 쉽다. 칸트의 철학이 난해하다면 그 난해함은 칸트의 탓이 아니다. 독일 철학의 난해함은 대부분 번역자의 탓이었음을 나는 뒤늦게 알게 되었다.

《철학 콘서트 3》을 쓰던 지난 2012년 나도 욕심을 품었던 것 같다. '쉬우면서도 깊이 있는 글'을 쓰고 싶다는 마음은 문필가들이 걸려들기 쉬운 일종의 유혹이었다. 지나친 것은 모자란 것과 같다고 했다. 이제 다시 보니, 과욕의 가시들이 나의 목을 찌른다.

부끄러웠다. 허세와 과시가 두드러져 보였고, 논리적이지 않은 글마저 눈에 띠었다. 삭제하고 삭제했다. 덜어내고 덜어냈다. 〈소크라테스〉편, 〈키케로〉편의 과시적 문구를 모조리 삭제했다. 〈공자〉편과 〈장자〉편에서 보이는 비논리를 다 거두었다. 〈칸트〉편과 〈니체〉편의 경우 과욕에서 비롯된 난해한 글을 쉽게 읽을 수 있도록 풀어 썼다.

나는 내가 이해하는 한, 칸트와 니체를 명료하게 중개했다. 도스토옙스키의 《악령》과 싯다르타의 《금강경》을, 그 정곡을 이나마 전할 수 있어 다행이다. 지난여름 그 무덥던 날 나는 《주역》을 통독했다. 개정판 《철학 콘서트 3》에서 다시 쓴 〈주역〉 편은 제법 볼 만할 것이다.

2017년 1월 31일
빛고을에서 황광우

무엇을 위하여
어떻게 살 것인가

알은 새의 세계다. 태어나려는 자는 하나의 세계를 파괴하지 않으면
안 된다. 새는 신을 향해 날아간다. 그 신의 이름은 아프락사스라고
한다.

— 헤르만 헤세, 《데미안》 중에서

사춘(思春)의 열병을 앓아본 이라면 《데미안》의 아프락사스를 기억할
것이다. 헤세는 알을 깨고 나온 새가 아프락사스를 향해 날아간다고 말
했는데, 돌이켜보니 알을 깨고 나오는 몸부림은 한 번으로 끝나는 것이
아니었다. 삶은 죽는 날까지 정신적 재탄생을 위한 몸부림의 연속인 것
같다. 나는 아직도 죽음과 친숙하지 않으며, 존재의 신비 앞에 망연하다.
"불의한 부와 권력은 나에게 뜬구름"이라는 공자의 언명처럼 세속적

가치를 추구할 뜻은 애당초 없었지만, 나는 무엇이며 이 한 목숨, 무엇을 위해 바칠 것인가 하는 의문을 풀지 못해 방황하던 시절이 있었다. 전라남도 해남에 가면 대흥사라는 고찰이 있는데, 이 절에는 서산대사의 유품이 모셔져 있다. "80년 전에는 저것이 나이더니, 80년 뒤에는 내가 저것이구나." 대학 새내기였던 나는 서산대사의 이 일기를 보면서 존재의 섬뜩한 비밀에 다가서는 느낌이 들었다. 나는 누구인가? 대흥사를 감싸고 있는 두륜산을 넘어, 저 멀리 완도 바다에 떠다니는 섬들을 보면서 산길을 걸었다. 북평에서 남창으로 이어지는 신작로는 여름 햇살 아래 작열하고 있었다. 나는 터벅터벅 한없이 걸었다. 배를 탔다. 보길도로 가는 배에서 부서지는 파도의 거품을 보면서도 삶에 대한 나의 의문은 끊이지 않았다.

인간의 존재를 휘몰아가는 것은 시대 상황이다. 퍼드덕! 하늘을 나는 새 한 마리를 보면서 '인간도 저 새처럼 자신에게 주어진 본성과 능력대로 나는 것이 아니겠나' 하는 상념이 내 머리를 스치고 지나던 순간, 1977년 10월 어느 날 전투경찰이 대학 캠퍼스에 진주했다. 나는 내 의지와 관계없이 시위 대열의 선두에 섰다. 그리고 사진이 찍혔다. 이후 역사의 강물은 아직 인생관도 정립하지 못한 풋내기 청년의 삶을 쉽게 휩쓸어갔다. 나는 시위대의 선두에 섰다는 이유로 정학을 당했다. 그해 겨울 인천에서는 일단의 여성 노동자들이 처한 수난의 이야기가 들려왔다. 박정희 독재 정권이 서서히 몰락하고 있었지만 그 당시 우리에게는 부수어도 부서지지 않는 철옹성처럼 견고하게 느껴졌다.

이듬해 겨울 나는 감옥의 창살 안에 갇히는 신세가 되었다. 군대 감옥은 빠삐용의 그것처럼 어두웠고 외로웠다. 하지만 나에게 감옥은 대학이었다. 책을 읽었고 생각을 했다. 나는 인생관을 정립하기 위해 분투했다. '예수냐, 마르크스냐?' 그 당시 나는 예수와 마르크스 사이에서 방황했던 것 같다. 돌이켜보면 두 현자는 양자택일의 대상이 아니었건만 그때는 하나를 취하면 하나를 버려야 하는 양자택일의 대상으로 생각했던 것 같다. 마침내 나는 역사의 요청에 충실하기로 다짐했다.

내가 누구인지, 사후의 나는 어찌 되는지와 같은 삶의 근원적인 물음을 해명하지는 못했어도, 무엇을 위해 어떻게 살 것인지에 대한 실천적 물음에 대해서는 생각을 정돈했다. 나는 감옥의 창살 밑에서 세 가지를 다짐했다. "사익을 앞세우지 말자. 고통받는 이웃과 동고동락하자. 죽는 그날까지 진리를 추구하자." 강물은 숨 가쁘게 흘렀고 실존적 문제의식은 사치스러운 일이 되어버렸다.

이 글은 젊은 시절에 숙제로 남겨두었던 삶과 죽음의 문제에 다시 천착하는 과정에서 공부하고 연구한 사유의 자취다.

사춘기에 읽었던 작품들은 책갈피마다 그 시절의 추억을 담고 있어 독서의 재미를 한결 더한다. 호메로스의 《오디세이아》는 중학생 때 만난 고전이다. 호메로스의 문필은 언제 읽어도 환상적이다. 안드로메다 은하의 외계인이 지구에 와서 지구의 보물을 하나 챙긴다면 그것은 아마도 호메로스의 서사시가 아닐까 하고 생각한다. 고대 그리스인이 남긴 저 아름다운 인류의 유산을 모른다면 호모사피엔스라고 불릴 자격이 없는 것이다.

소크라테스와 플라톤이 협주로 들려주는 고대 그리스인의 사유는 심원하다. 이번 책에서는《향연》과《파이돈》을 다루었다. 알고 보니 플라톤은 윤회의 옹호자였고, 그에게 철학은 영혼의 정화 수단이었다. 소크라테스는 "나에게 사랑하는 연인이 둘 있다"라고 고백했는데, 이처럼 그에게 사랑과 철학은 둘이 아닌 하나였다. 소크라테스에게 사랑은 진리를 향해 나아가는 열정이었다.

철학의 역사에서 키케로의 사유는 매우 특이하다. 서양철학사는 키케로의 사유를 비중 있게 다루지 않지만 우리는 그의 글을 통해 삶의 지침과 깊이를 만난다. 키케로의 글은 참으로 유장하다. 그가 찬양한 농경 생활을 다산 정약용의 유배 생활, 헨리 데이비드 소로의 전원생활과 비교해봤다. 수필처럼 부담 없이 읽을 수 있을 것이다.

이번에는 동양이 자랑하는 지혜의 서《주역》에도 도전했다. 오래전부터 힘든 일이 있으면《주역》에 나의 고민을 물어왔지만, 나는 아직도 64괘의 이름조차 다 외우지 못하고 있다.《주역》은 점인가, 과학인가?《주역》을 관통하는 세계관은 무엇인가? 조상들에게《주역》은《서경》,《시경》과 함께 등용문으로 가는 3대 텍스트였다. 지난 2000년 선조들의 정신계를 지배한, 그《주역》이 오늘 우리들에게는 어떤 의미를 지니는가?

삶과 죽음, 신과 영혼에 대한 고대인들의 사유를 정리하다 보니, 공자와 묵자를 다루지 않을 수 없었다. 공자는 무신론자였고 묵자는 유신론자였다. 귀신과 제사의 관계를 둘러싸고 묵자가 제기한 비판은 유가의 아픈 곳을 건드린다. 공자는 귀신을 멀리하라고 했다. 그러면서 제사는 충실하게 지냈다. 귀신의 존재를 인정하지 않으면서도 제사를 지내는 것은 모순이다. 묵자의 비판에 대해 공자는 과연 무어라 말할까?

지난 시절 나는 장자에게 따뜻하게 다가설 수 없었다. 장자의 은일(隱逸)이 나에게는 일종의 도피로 여겨졌기 때문이다. 장자가 세계에 대해 냉소적이었던 만큼 나도 장자를 피할 수밖에 없었다. 이번에 다시 보니 장자야말로 일관되게 자유의 삶을 추구한 인물이었다. 쓸모없는 사람이 되라는 장자의 조언은 이 시대의 젊은이들이 귀 기울여야 할 패러독스다.

칸트가 전개한 사유의 논리 체계는 너무 완벽해서 어디에서부터 뚫고 들어가야 할지 접점을 찾기가 힘들었다. 칸트의 산은 섣부른 등정을 허락하지 않는 히말라야의 준봉이다. 아인슈타인을 비롯해 독일 과학자들은 고등학생 때 《순수이성비판》을 정독했다고 한다. 부러운 일이다. 철학에서 칸트가 제기한 혁명적 반전과 물자체의 의미를 조금이라도 곱씹어보는 계기가 되길 바란다.

칸트와 마찬가지로 니체의 방대한 문헌을 짧은 글로 요해한다는 것 역시 힘든 일이었다. 그래서 니체의 초기 사상을 잘 보여주는 《비극의 탄생》을 중심으로 그의 생각을 풀어보았다. 말미에는 사르트르의 실존주의를 곁들였다. "실존은 본질에 선행한다"라는 명제의 비밀을 명료하게 전하게 되어 흡족하다.

나는 도스토옙스키의 《악령》을 스무 살 때 읽었는데, 러시아 역사를 모르고 읽은 터라 무척 힘들었다. 1860년대에 활약한 러시아 무정부주의자들의 특질을 알고서 읽었어야 하는데 말이다. 30년 후에 다시 읽는

《악령》은 여전히 작가의 심오한 통찰을 자랑하고 있었다.

인간에게 죽음이 있는 한, 철학은 피할 수 없다. 그중 불교는 죽음이라고 하는 인간의 부조리에 가장 적극적으로 다가선 사유다. 《금강경》은 죽음 앞에서 불안을 느끼는 인간에게 훌륭한 멘토가 되어줄 것이다.

이번 《철학 콘서트 3》은 조금 무겁다. 지난 《철학 콘서트 1》과 《철학 콘서트 2》가 독자들에게 손을 내밀었다면 이번에는 독자들이 《철학 콘서트 3》에 손을 내밀어주길 바란다. 《철학 콘서트 1》과 《철학 콘서트 2》가 하룻밤에 몽땅 감상할 수 있었던 것과 달리, 《철학 콘서트 3》은 모두 감상하는 데 열흘 밤의 시간이 소요되지 않을까 싶다. 하루에 한 꼭지씩 행복한 철학의 밤을 누리시길…….

이제 여기에서 철학의 지혜를 벗들과 공유하려 노력해온 오랜 여정을 마감한다. 부족한 글을 아껴주신 독자들께 감사드린다.

2012년 6월 15일
빛고을에서 황광우

차례

Chapter 1

오디세우스,
여신의 유혹을 물리치다

호메로스
Homeros

호메로스의 《일리아스》와 《오디세이아》는 지금까지도 끊임없이 재해석되는 서양 문학의 원류다. 《일리아스》가 '전사의 위대한 죽음'을 이야기한다면 《오디세이아》는 '전사의 위대한 삶'을 이야기한다. 인생이란 뜻대로 되지 않으며 여기에 인간의 비극이 있다. 우리는 매 순간 선택을 한다. 눈앞의 행복을 택할 것인가, 힘들지만 떳떳한 길을 걸어갈 것인가. 오디세우스는 원치 않는 삶에 굴종하지 않았고 보장된 행복에 안주하지 않았다. 그 무엇에도 잡혀 있기를 거부한 사람, 끊임없이 새로운 세계를 열어간 사람, 오디세우스는 진정한 자유인의 표상이었다. 실제와 환상을 넘나드는 초특급 블록버스터 《오디세이아》에서 진정한 자유인의 의미를 찾아보자.

고전은 타임머신이다. 3000년 전 사나이들의 무용담을 듣고 싶은가? 그렇다면 오디세이아호를 타고 시간 여행을 떠나자. 비행기를 타고 땅별의 현재를 탐색하는 것이 3차원의 삶을 사는 사람, 여행하는 사람의 특권인 것처럼 고전의 타임머신을 타고 땅별의 과거 속으로 여행하는 것은 4차원의 삶을 사는 사람, 독서하는 인간의 특권이다.

《일리아스》와《오디세이아》는 고대 그리스인들의 삶과 가치를 기록한 불멸의 서사시다. 호메로스는 이 두 편의 서사시를 통해 귀족 전사들의 영웅적 행위, 용맹과 지략, 명예와 긍지를 노래했다. 이후 오랜 세월 동안 고대 그리스인들은 어린 시절부터 호메로스의 작품을 암송하면서 자랐다.

고대 그리스인들의 사유 방식을 주조한 이는 단연 호메로스다. 그가 그린 아킬레우스와 오디세우스 같은 영웅들의 행동을 본받는 것이야말로 고대 그리스인들의 교육 목표였다. 그래서 아리스토텔레스에게 호메로스의 서사시를 배운 알렉산드로스는 트로이에 묻힌 아킬레우스의 무덤을 찾았다고 한다. 서양철학사가 '플라톤의 철학에 대한 주석 달기'였다는 말을 조금 더 확장한다면 서양 인문학은 '호메로스의 작품에 대한 주석 달기'였다고 말할 수 있을 것이다.

내가 두 주먹을 불끈 쥐고《오디세이아》의 서사를 따라 읽었던 것은 중학교 1학년 때였다. 당시 나는 그리스 문명이 남긴 최고(最古)의 작품이 호메로스의 서사시라는 사실도 모른 채 그저 자유교양대회에 나가 좋은 성적을 내려는 마음으로 저 불후의 서책《오디세이아》를 읽어내려가고 있었다. 까까머리 소년의 심장은 어느새 키클롭스의 손에서 비명 횡사하는 오디세우스 부하들의 신음과 함께 부르르 떨고 있었다.

강자의 횡포를 물리치는 것을 사나이의 의무로 알던 소년은 키클롭스의 눈을 말뚝으로 쑤셔버리는 오디세우스의 용기에 박수를 친다. 그리고 양의 배에 달라붙어 동굴을 탈출하는 오디세우스의 지략에 환호를 보낸다. 이미 소년의 마음은 양의 배 밑에 달라붙어 탈출하는 오디세우스와 하나가 되어 있었다.

오디세우스의 모험은 고대 그리스인들이 지중해 전역의 섬들을 누비며 약탈하던 자신들의 경험을 서사시로 노래한 것이다. 오디세우스 자신이 말하기를, 이방인들의 도시를 약탈했고 주민들을 살해했으며 그들의 아내와 재산을 빼앗았다고 고백하지 않았던가.

참극과 전율, 복수와 긴장으로 소년의 마음을 휘어잡은 오디세우스의 모험은 곧이어 해학으로 선회한다. 키클롭스가 탈출하는 오디세우스에게 이름을 묻자 오디세우스는 "아무도 아닌 사람(outis)"이라 답한다. 눈을 찔린 키클롭스가 발광을 하자 동료들은 "폴리페모스! 무엇이 그대를 그토록 괴롭혔기에 그대는 이렇게 고함을 지르는가?"라고 묻는데, 그는 "오오, 친구들이여! '아무도 아니'요"라고 답한다. '아무도 아닌 자'가 포도주로 자신의 정신을 잃게 해놓고 눈을 찔렀다고 말하는 대목에서 배꼽을 쥐고 웃었던 기억이 지금도 생생하다.

돌이켜 생각하면, 소년은 모험의 환상에 흠뻑 도취해 있었다. 어른은 현실의 인과만을 추적하지만 소년은 실제와 환상을 넘나든다. "그곳에는 인간의 음성을 가진 무서운 여신, 머리를 곱게 땋은 키르케가 살고 있었소."

으스스하다. 마법의 섬에는 또 무슨 판타지가 기다리고 있을까? 마녀 키르케는 오디세우스의 부하들을 안으로 데리고 들어가 등받이 의자와 안락의자에 앉힌 다음 고향 땅을 잊어버리는 망각의 약을 섞어 마시게 한다. 그러고는 지팡이로 부하들을 때려 돼지로 바꾼 후 우리 안에 가두어버렸다.

그 시절 키르케의 마법은 무서웠고 마법에 걸린 돼지들은 정말로 불쌍했다. 마치 내가 돼지로 돌변한 것 같은 무서운 느낌이 들었다. 그만큼 소년의 감정이입은 풍부했다. 이제 소년의 가슴은 이 불쌍한 동료들을 구출할 영웅 오디세우스를 대망한다.

키르케는 유혹한다. "자, 우리 둘이서 침상에 올라 사랑의 동침을 해요." 하지만 오디세우스는 키르케의 유혹을 단호히 거부한다. 이제 어른이 되어 읽어보니 오디세우스의 절제력이 돋보인다.

"키르케여! 그대가 지금 나더러 그대의 침상에 오르라고 하는 것은, 사실은 내가 벌거벗으면 나를 쓸모없는 비겁자로 만들려는 속셈이 아니고 무엇이란 말이오? 나는 그대의 침상에 오르고 싶지 않소이다."

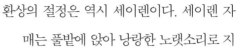

환상의 절정은 역시 세이렌이다. 세이렌 자매는 풀밭에 앉아 낭랑한 노랫소리로 지나가는 뱃사람들을 홀리고 있었고 주위에는 온통 썩어가는 남자들의 뼈가 무더기로 쌓여 있었다. 만일 돛에 몸을 묶지 않았더라면 아무리 절제력이 좋은 오디세우스라도 세이렌이 부르는 유혹의 노랫소리를 견디지 못했을 것이다.

책으로 읽으면 그저 몇 줄밖에 되지 않는 세이렌의 유혹. 요정들이 무어라 노래했기에 지나가는 뱃사공들이 죄다 노랫소리에 홀려 난파를 당했을까?

"자! 이리 오세요. 칭찬이 자자한 오디세우스여. 우리는 트로이에서
당신이 겪었던 모든 고통을 알고 있어요."

이것은 무엇을 의미하는가? 남자의 무의식 깊은 곳에는 자신의 과거를 칭송하는 여인의 품속에서 잠들고 싶다는 욕망이 꿈틀거리고 있다는 뜻은 아닐까? 세이렌의 노래는 과거의 추억으로 돌아가자는 목소리였으며, 이는 곧 죽음의 환청이었다. 삶이 몹시 힘들고 몸이 파김치가 되는 그 순간 인간은 생의 의지를 놓고 싶어진다. 하지만 오디세우스가 어떤 사람인가?

저승으로의 모험

———

　　《일리아스》가 수많은 전사들의 영혼을 하데스로 보낸 죽음의 굿판이라면 《오디세이아》는 저승의 세계까지도 모험하는 판타지의 전형이다. 저승 세계에 대한 호메로스의 묘사는 단테의 《신곡》을 포함하여 이후 등장하는 모든 서구 문학의 전형이 된다.

　죽음은 생명 운동의 절대 정지를 말한다. 대체 죽음 이후에 '움직이는 세계'가 또 있을까? 설령 몸과 별개로 움직이는 영혼이 있다손 치더라도 죽음이란 육체만이 아니라 영혼까지도 절대 정지 상태에 들어가는 것을 뜻한다. 영혼의 사후 세계가 존재한다고 가정하자. 그 사후 세계는 운동하는 세계가 아니라 절대 정지의 세계일 것이다. 죽음 이후에도 생명의 어떤 요소가 계속 운동한다는 이야기는 불멸을 희구하는 인간의 욕망이 지어낸 상상화일 것이다. 이러한 우리의 생각에 호메로스는 무어라 답할까?

　영혼의 어원은 '숨을 쉬다'라는 뜻의 그리스어 '프시코(psycho)'다. 호메로스에게 영혼은 어떤 것을 '살아 있게 해주는 것'이었다. 그에 따르면, 죽는 순간 인간의 영혼은 신체를 떠난다. 죽은 자의 영혼은 죽은 자리를 배회하다가 헤르메스의 안내를 받아 지하 세계로 간다. 영혼은 신체와 분리되어 하데스에서 살아가는데, 이때의 영혼은 그림자와 같다. 하데스의 세계를 떠도는 영혼은 아무런 의식이 없다. 영혼은 물질적 특성을 상실하여 만질 수조차 없는 그림자이자 환영이라고 호메로스는 기록한다.

헤르메스는 구혼자들의 혼백을 밖으로 불러냈다. 그는 손에 아름다운 황금 지팡이를 들고 있었는데, 이 지팡이로 혼백들을 깨워 데려갔고 혼백들은 찍찍거리며 그를 따라갔다. 그들은 수선화가 핀 풀밭에 당도했는데, 그곳이 바로 지쳐버린 인간의 환영들이 사는 곳이었다.

호메로스는 영혼을 인간의 환영이나 그림자와 같은 존재로 파악하고 있다. 이제 오디세우스를 따라 하데스의 문을 두드려보자.《오디세이아》에서 혼백이 살아 움직이려면 조건이 있다. 산 짐승의 피를 마셔야 한다. "검은 피가 흘러내리자 이미 세상을 떠난 사자들의 혼백이 모여들었소." 저승은 공포 그 자체다. "사방에서 수많은 혼백들이 무시무시하게 고함을 지르며 구덩이 주위로 모여들자 나는 파랗게 겁에 질렸소."

맨 먼저 다가온 것은 전우 엘페노르의 혼백이었다. 아마도 오디세우스의 마음을 가장 어지럽히고 있던 영혼은 키르케의 섬에서 돼지로 바뀌었다 풀려나자마자 지붕에서 낙상해 죽은 부하 엘페노르였나 보다. 엘페노르는 오디세우스에게 "제발 나를 매장하지 않은 채 남겨두고 떠나지 마시오"라고 호소한다. 고대 그리스인들이 목숨보다 더 소중히 여긴 가치는 명예였다. 한 사람의 명예는 그 사람의 명예를 기억해주는 공동체의 존속을 전제한다. 그래서 '비석'을 세우는 거다.

어머니는 죽어도 자식의 가슴에 살아남는다. 엘페노르와 대화를 나눈 다음에 나타난 것은 오디세우스의 어머니의 혼령이다. 돌아가신 어머니는 시도 때도 없이 아들의 마음에 나타나 말을 건넨다. "내 아들아! 어떻

게 살아 있는 네가 어둠에 싸인 그림자들의 나
라로 내려왔느냐?" 오디세우스의 어머
니는 이어 죽음에 대해 다음과
같이 일러준다. "일단 목
숨이 흰 뼈를 떠나게 되면
살과 뼈는 더 이상 결합하지
못하고 혼백은 꿈처럼 날아가 배
회하게 된단다."

　오디세우스가 저승을 방문한 것은 예언자를 만나 자신의 미래를 알기
위해서였다. 예언자 테이레시아스는 오디세우스가 겪는 이 모든 고난이
폴리페모스의 눈을 찌른 행위에 앙심을 품은 포세이돈 때문이라고 말한
다. 테이레시아스의 말에 따르면 오디세우스는 결국에 귀향할 것이다.
하지만 오만한 구혼자들과 싸워서 이겨야 하고 구혼자들의 악행을 응징
한 이후에는 또다시 머나먼 고행의 길을 떠나야 한다.

　이어 아가멤논의 혼령이 부하들을 이끌고 찾아와 오디세우스에게 절
대로 여자를 믿지 말라고 충고한다. 아가멤논은 아내에게 죽임을 당한
비운의 영웅이다. 아가멤논은 자신의 아내와 내통한 아이기스토스에게
죽임을 당했다고 전한다.

　마지막으로 아킬레우스 일행이 다가온다. 오디세우스는 아킬레우스
의 혼령에게 위로의 말을 전한다. "예전에도 그리스인들은 당신을 신처
럼 공경했고 지금도 당신은 사자(死者)들의 세계를 통치하고 있으니, 죽
었다고 슬퍼할 게 없겠소." 여기에서 그 유명한 아킬레우스의 고백이

등장한다.

"죽음에 대해 나를 위로하려 들지 마시오, 영광스러운 오디세우스여! 나는 죽은 사자들을 통치하느니, 차라리 시골에서 머슴이되어 농토도 없고 재산도 많지 않은 가난한 사람 밑에서 품팔이를하고 싶소."

소크라테스는 죽음을 '영혼이 몸에서 자유로워지는 사건'이라며 예찬했고, 그의 제자 플라톤은 철학을 통해 불멸의 신과 함께 노니는 것을꿈꾸었다. 하지만 호메로스는 저승의 세계가 인간이 살 동네가 아니라고 못을 박는다. 과연 어느 쪽이 진실일까?

호메로스와 플라톤은 지금 치킨 게임을 벌이고 있다. 플라톤은 지상의 세계를 허상이라고 보았고, 이 세계의 바깥에 불멸의 세계가 있다고보았다. 철학으로 영혼을 정화하여 불멸의 신들과 함께 거주하길 희구했던 플라톤에 따르면 죽음이란 오히려 환영할 만한 사건이다. 반면 호메로스는 저승의 세계를 환영들이 군집한 세계라고 보았다. 호메로스는개똥밭에 굴러도 이승이 좋다고 말한다. 누가 옳을까?

여신의 유혹을 뿌리친 오디세우스

칼립소는 동굴 안에서 고운 목소리로 노래를 불렀고 황금 북으로 베를 짰다. 동굴 주위에는 울창한 숲이 있었다. 숲속에선 부엉이와 매가 둥지를 틀고 있었다. 동굴 주위에는 포도나무 덩굴이 무성하게 뻗어 있었고 포도송이가 주렁주렁 달려 있었다. 맑은 샘 네 개가 나란히 흐르고 있었다. 제비꽃과 셀러리가 만발한 풀밭의 섬, 불사신도 기뻐하지 않을 수 없을 곳이라고 호메로스는 칼립소의 섬을 소개한다. 오기기아 섬이다. 그런데 우리의 주인공 오디세우스는 이 아름다운 칼립소의 섬을 한사코 떠나려고 한다.

마녀 키르케에 붙들려 있었던 1년의 세월은 오디세우스와 그의 부하들이 허리띠 풀고 방탕한 삶을 산 거라고 하자. 키르케에게서 재앙을 만들지 않겠다는 맹세를 받아낸 후 침상에 오른 것은 무엇인가? 키르케와의 동침은 명백히 오디세우스의 자발적 선택이었고 이후 마녀의 섬에서 키르케와 동거하면서 날마다 고기와 달콤한 술로 잔치를 벌인 것은 자유의지에 따른 행동이라고 봐야 한다.

그럼 칼립소의 섬에서 보낸 저 7년의 세월은 무엇이란 말인가? "머리를 곱게 땋은 칼립소가 나를 보살펴주었습니다"라고 오디세우스 본인이 고백했듯이, 칼립소는 오갈 데 없는 방랑자 오디세우스에게 따뜻한 품을 제공한 은인이었다. 그녀의 섬은 파란만장한 사나이 오디세우스가 마침내 몸과 마음을 쉬게 한 안식의 공간이었다.

그런데 칼립소의 동굴에서 보낸 7년의 세월 동안 오디세우스의 두 눈에는 눈물이 마를 날이 없었다고 한다. 밤에는 속이 빈 동굴 안에서 원치 않는 여자와 원치 않는 잠자리를 마지못해 같이했으며, 낮에는 바닷가 바위에 앉아 눈물과 슬픔으로 바다를 바라보곤 했다고 한다. 이것은 무엇인가?

오디세우스에게 그것은 억류된 삶이었고 일종의 유배살이였다. 그리스어 'Calypso'는 영어로 'cover', 'hide', 'cloak'를 뜻한다. 칼립소는 불쌍한 오디세우스를 덮어주고, 숨겨주고, 감싸주었다. 하지만 칼립소의 보호는 오디세우스의 자유의지를 억압하는 것이었고, 오기기아 섬은 오디세우스에게 일종의 유배지였다.

감옥에서 억류된 삶을 살아본 사람은 안다. 죄수들은 저 담장 너머 하늘의 뜬구름을 보며 자유의 몸이 되는 그날만을 애타게 기다린다. 재판이 진행 중인 미결수의 경우 1년 정도야 교도소와 법원을 왔다 갔다 하다 보면 눈 깜짝할 사이에 지나가는 짧은 세월이지만 형이 확정된 기결수에게는 한 달이라는 세월도 지루하고 무료하다. 법무부 시계는 왜 그렇게 더디 가는 것이냐? 오디세우스가 칼립소와 함께 보낸 저 7년의 세월은 기결수의 옥살이였다.

마침내 특사가 떨어졌다. 오디세우스를 아끼는 아테나 여신이 구명운동을 했다. 제우스가 아끼는 딸의 요청을 받아들여 특별사면을 허락했으며, 제우스의 심부름꾼 헤르메스가 사면장을 칼립소에게 전달했다.

그런데 뭐냐? 칼립소는 섭섭하다. 왜 나의 사랑을 방해하는 것이냐? 남신들은 허구한 날 바람을 피우면서 말이야.

오디세우스의 마음을 되돌리기 위해 칼립소는 부탁한다. 늙지도 않고 죽지도 않는 신과 같은 존재로 만들어줄 테니 평생토록 자기와 함께 살자는 것이다. 그야말로 고민이 되는 제안이 아닐 수 없다. 인간은 본능적으로 불멸의 존재가 되길 희구한다. 그러나 아무나 불멸의 신이 되는 것은 아니다. 따지고 보면 사람이 사랑을 하고 아이를 낳는 것도 불멸의 존재를 희구하는 인간 본성에서 나온 행동이며, 명예를 소중한 가치로 여기는 것도 모두 불멸의 존재가 되고 싶은 인간 본성 때문이다.

얻는 것은 또한 잃는 것이다. 불멸의 신이 되는 것은 인간의 삶을 포기하는 것을 의미한다. 헤라클레스는 불멸의 신성을 얻는 대가로 고뇌에 찬 죽음을 맞이했으며, 프시케 역시 사랑하는 낭군 에로스를 만나는 과정에서 결국은 영원한 잠에 빠지지 않던가?

칼립소의 제안과 오디세우스의 거절은 그리스 문학에서 두 번 다시 볼 수 없는 독특한 거래였다. 불멸은 신적 특권이다. 칼립소는 오디세우스에게 '평생 늙지도 않고 죽지도 않는 불멸의 신'이 되게 해주겠다고 제안하는데, 오디세우스는 이를 정중히 거절한다.

신들도 인간을 질투하나 보다. 여신 아프로디테가 미모의 여인 프시케를 질투하듯이, 여신 칼립소도 오디세우스의 아내 페넬로페를 질투한다. "진실로 나는 몸매와 체격에서 그녀 못지않다고 자부해요. 필멸의 여인들이 몸매와 생김새에서 불사의 여신들과 겨룬다는 것은 당치도 않은 일이니까요." 오디세우스의 심지는 굳다.

"존경하는 여신이여, 그 때문이라면 화내지 마시오. 사려 깊은 페넬
로페가 생김새와 키에서 마주 보기에 그대만 못하다는 것은 나도 잘
알고 있소. 그렇지만 나는 집에 돌아가서 귀향의 날을 보기를 날마
다 원하고 바란다오."

오디세우스의 마음을 돌리는 데 실패한 칼립소는 사랑하는 남자가 맞
이할 험난한 미래를 예고한다. 사랑하기에 들려주는 안타까운 예언인
데, 일종의 협박처럼 들린다. "오디세우스여! 만약 그대가 얼마나 많은
고난을 겪어야 할 운명인지 안다면 이곳에 나와 함께 머물고 싶어질 거
예요." 그러나 이런 협박에 겁먹을 오디세우스가 아니다.

"설혹 신들이 포도주 빛 바다 위에서 나를 또다시 난파시키더라도
나는 고통을 참는 마음을 갖고 있기에 인내할 것이오. 나는 이미 많
은 것을 겪었고 많은 고생을 했소. 그러니 이 고난들에 또 고난이 추
가된다 한들 그렇게 되라지요."

오디세우스에게 끊임없이 고향으로 돌아가자고 재촉한 그 소리는 어
디에서 온 것일까? 사랑하는 아내 페넬로페를 향한 사나이의 불타는 그
리움 때문이었을까? 아들 텔레마코스의 장성한 모습을 보고 싶어하는
미칠 것 같은 부성애 때문이었을까? 하지만 이것만으로 거대한 파도 속
에서 죽음의 몸부림을 쳐야 하는 파란만장한 운명을 다 풀이할 수 없다.
인간이라면 누구나 위험을 피하고 안전한 삶을 선호하기 때문이다. 우

리의 영웅 오디세우스는 무엇 때문에 이 평범한 공리주의적 상식을 버리고 저 거친 파도 속으로 몸을 던지는가?

뗏목을 만드는 오디세우스는 신바람이 났다. 오디세우스는 일류 목수였다. 호메로스는 노동이 육체노동과 정신노동으로 분열되기 이전의 시기, 고대인들이 수행한 통합된 노동의 건강한 모습을 우리에게 보여주고 있다. 그들은 전인(全人)이었다. 나무를 베고, 가지를 치고, 솜씨 좋게 깎고, 먹줄을 치고, 구멍을 뚫고, 못과 꺾쇠로 튼튼하게 잇고……. 마침내 뗏목의 몸체를 완성한다. 칼립소가 구해준 천으로 돛을 만들고 뗏목을 바다 위에 띄운다. 뗏목을 바다에 띄우는 오디세우스의 벅찬 희열을 그 누가 알까?

칼립소가 예언한 그대로 오디세우스의 항해는 고난 그 자체였다. 포세이돈은 또다시 오디세우스에게 적개심을 드러냈다. 큰 파도가 무섭게 돌진하여 내리 덮쳤고, 뗏목이 빙글빙글 돌았다. 미친 듯이 휘몰아치는 풍랑은 오디세우스의 뗏목을 가볍게 집어삼켰다. 파도를 맞은 오디세우스가 어떤 상황에 놓인 것인지, 그가 느낀 공포가 어떤 것인지를 대니얼 디포에게 들어보자. 《로빈슨 크루소》 이야기 말이다. "미친 듯한 파도가 산더미처럼 뒤에서 배를 덮쳤다. 격렬한 파도는 단번에 배를 뒤집어버리고 말았다. 우리는 모두 한순간에 바닷속으로 빨려 들어갔다. 수영을 잘하는 나였지만 몸을 물 밖으로 내밀고 숨을 쉴 수가 없었다. 나는 바닷물을 잔뜩 마셔 반쯤 죽은 상태였다. 산처럼 높은 파도가 내 뒤를 쫓아왔다. 나는 파도와 맞서 싸울 방법도, 힘도 없었다."

이 순간, 그 담대했던 오디세우스의 무릎과 심장이 풀렸다. 과연 살아

날 수 있을까? 아, 나는 왜 무모한 선택을 했던가? 몸이 피로해지면 마음도 풀린다. 모든 것을 포기하고 싶다. 이때가 중요하다. 몸의 피로가 극한에 이르면 굳센 의지도 풀리고 순간 눈을 감고 싶어진다. 이내 저승사자가 오는 것이다.

하지만 오디세우스의 생명력은 집요했다. 어디선가 여신의 음성이 들린다. 바다의 여신 레우코테아의 음성이다. "옷을 벗으세요. 뗏목을 놓아요. 그리고 이 불멸의 머릿수건을 받아 가슴에 두르세요." 뗏목을 버리고 헤엄을 치라는 여신의 목소리다. 이는 분명 구원의 음성이다. 그런데 오디세우스는 의심을 멈추지 않는다. 파멸의 유혹인가, 아니면 구원의 음성인가! 아아, 괴롭다! 음모를 꾸미는 게 아닐까? 두렵다. 조금만 더 참고 견디자. 뗏목이 부서지는 순간, 그때 헤엄치자.

오디세우스는 이틀 밤과 이틀 낮을 너울 속에서 떠돌아다녔다. 사흘째 되는 날에 육지를 발견한다. 하지만 오디세우스는 곧장 상륙하지 못한다. 눈앞에 펼쳐진 건 온통 바위와 암초였다. 다시 엄청난 파도가 해안으로 그를 쓸고 간다.

드디어 오디세우스는 강이 바다로 흘러드는 지점을 발견하고 다시 헤엄을 친다. 저만치 올리브 나무 두 그루가 있다. 오디세우스는 그 밑에서 쓰러진다. 나뭇잎을 뒤집어쓰고 한없는 잠에 빠진다. 호메로스 연구자들은 여기에서 오디세우스가 환상의 세계와 작별하고 마침내 현실의 세계로 돌아온다고 풀이한다.

지상 낙원의 나우시카

《일리아스》의 빛깔을 회색이라 한다면 《오디세이아》의 빛깔은 총천연색이다. 《일리아스》에 출연한 가장 아름다운 마음씨의 여인이 헥토르의 젊은 아내 안드로마케라면 《오디세이아》에 등장하는 가장 청초한 아가씨는 단연 공주 나우시카일 것이다. 나우시카의 청순함은 보석처럼 빛난다. 빨래하러 나갔다 만난 낯선 남자 오디세우스 앞에서도 한 치의 두려움도 없이 그를 돌봐준다.

나우시카가 오디세우스를 만나도록 주선한 이는 아테나 여신이다. 여신은 나우시카의 침상으로 가서 소녀의 머리맡에 서서 말했다. "나우시카! 어째서 네 어머니께서는 이렇게 칠칠치 못한 딸을 두셨을까? 옷들이 손질도 안 된 채 여기저기 널려 있는데 결혼식 날은 가까이 다가왔으니 말이야. 자, 날이 밝는 대로 가서 빨래를 하는 게 좋겠다."

그러니까 소녀 나우시카와 영웅 오디세우스의 만남을 주선한 이는 여신 아테나였다. 더없이 아름답게 흐르는 강에 소녀들이 도착했을 때 그곳에는 과연 물이 넉넉한 빨래터가 있었다. 아무리 더러운 옷도 깨끗이 빨 수 있을 만큼 맑은 물이 콸콸 솟아오르고 있었다. 그곳에서 소녀들은 노새들을 짐수레에서 푼 다음 강가로 몰고 가 토끼풀을 뜯어 먹게 했다. 강물의 깨끗함과 빨래하는 소녀들의 청초함이 겹쳐진다.

소녀들은 옷을 모두 빨아 때를 뺀 다음 바다의 기슭에 널어놓았다. 그런 다음 소녀들은 목욕을 하고 올리브유를 바르고 강둑에서 점심을 먹으면서 옷이 햇볕에 마르기를 기다렸다. 배불리 먹은 소녀들은 머릿수건을 벗어놓고 공놀이를 시작했다. 흰 팔의 나우시카가 노래를 선창했다. 칼립소의 섬이 신들의 낙원이라면 나우시카와 하녀들이 빨래하고 목욕하고 점심을 먹고 공놀이를 하고 노래를 부르는 이곳은 인간의 낙원이다. 잠시 그리스 문학에 대한 카를 마르크스의 비평을 들어보자. "그리스 예술과 서사시는 인류 역사의 저 아름다운 유년기에 해당한다. 어른은 어린아이의 순진무구에서 즐거움을 발견하듯, 오늘날까지도 인류는 그리스의 예술과 서사시에서 지속적인 예술적 즐거움을 발견한다."

지금으로부터 3000년 전, 초기 그리스 사회에서 사람들은 인간의 낙원을 어떻게 상상했을까? 나우시카의 부모가 거처하던 궁전은 결코 화려하지 않았다. 그러나 인간이 상상할 수 있는 낙원이 진짜로 존재한다면 바로 이런 곳이었을 것이다.

알키노오스의 집에는 50명의 하녀들이 있었는데, 더러는 맷돌에다 노란 알갱이를 빻고 있었고, 더러는 물레를 돌리며 쉴 새 없이 움직였다. 대문 옆에는 큰 정원이 있었다. 배나무와 석류나무, 사과나무와 무화과나무가 만발하였다. 배와 사과, 포도와 무화과가 익어가고 있었다.

이곳이 바로 지상의 낙원이 아니고 무엇이겠는가? 나우시카의 아버지 알키노오스는 오디세우스를 극진하게 접대했다. 알키노오스는 오디세우스에게 이곳에 머물며 함께 살자고 권유한다. "그대같이 훌륭한 사람이 이곳에 머물며 내 딸을 아내로 삼으면 좋으련만!"

나우시카 역시 마음이 없지 않았다. "흰 팔의 시녀들아, 내가 할 말이 있으니 내 말을 좀 들어봐. 저런 남자가 내 남편이라고 불리며 이곳에 머물기를 원한다면 좋으련만!"이라며 첫눈에 반한 자신의 마음을 고백하지 않던가.

니체는《선악의 저편》에서 이렇게 말한 적이 있다. "사람들은 오디세우스가 나우시카와 이별했을 때처럼 연연하지 않고 삶과 이별해야만 한다."

도대체 두 사람은 어떻게 헤어졌을까? 귀향을 위한 잔치가 벌어지던 그날, 오디세우스는 막 목욕을 끝내고 연회장으로 가고 있었다. 그때 나우시카가 기둥 옆으로 다가섰다가 눈앞의 오디세우스를 보고는 감탄을 금치 못하며 말했다.

"편히 가세요, 손님! 고향 땅에 가시더라도 이따금 나를 생각하세요. 나는 그대에게 생명의 은인이잖아요."
"나우시카여, 고향에 돌아가면 나는 여신께 기도하듯 그대에게 기도할 것이오. 그대가 나를 살려주셨기 때문이오, 아가씨!"

지금 무슨 대화가 오고 갔는가? '생명의 은인'은 '당신 덕택에 목숨을 구했다'는 것이다. 그런데 호메로스가 사용한 고대 그리스어 'zoagria'는 영어로 옮기면 'ransom', 즉 '인질의 몸값'이다. 풀어 말하면 나우시카는 '당신의 몸은 나의 것'이라고 오디세우스에게 말한 것이다. 어쩌자

고? '당신은 내 것'이라는 이 인사의 뜻을 못 알아들었을 오디세우스가 아닐 텐데, 그의 답사는 천연덕스럽다. 여신으로 모시겠단다. '누가 나를 여신으로 모시랬나?'

여기서 또다시 우리는 오디세우스에게 제발 공리주의적 상식으로 돌아오라고 충고하게 된다. 칼립소의 섬은 아름다웠으나 그곳은 인간이 사는 곳이 아니었다. 하지만 오디세우스여! 나우시카가 사는 이곳은 인간이 사는 세상이다. 고향 이타카에 놓고 온 재산은 알키노오스의 궁에도 있고 페넬로페보다 더 젊고 예쁜 나우시카도 있다. 알키노오스의 제안대로 이제 여기서 쉬자. 왜 당신은 준비된 낙원을 거부하고 험난한 미지의 세계에 몸을 맡기려 하는가?

돌아온 오디세우스

호메로스의 상상력은 현대인의 상상력을 압도한다. 종횡무진 전쟁터를 휩쓸고 다니는 신들의 이야기는 그 누구도 흉내 낼 수 없는 상상의 압권이지만 호메로스의 붓 앞에 우리가 탄복할 수밖에 없는 것은 너무도 진솔한 그의 리얼리즘 때문이다. 오디세우스의 충견 아르고스가 자신의 주인에게 보낸 마지막 인사를 보라.

그때 개 한 마리가 누워 있다가 머리를 들고 귀를 쫑긋 세우니, 참을성 많은 오디세우스의 개 아르고스였다. 주인이 떠나고 없는 개는 돌보는 이 없이 똥 더미에 누워 있었다. 개는 주인이 와 있음을 알아차리고 꼬리를 치며 두 귀를 내렸으나 주인에게 더 가까이 다가갈 힘은 없었다. 20년 만에 오디세우스를 다시 보는 그 순간, 검은 죽음의 운명이 아르고스를 덮치고 말았다.

사람들은 거지로 돌아온 주인을 알아보지 못하지만 아르고스만은 주인을 알아보았다. 호메로스는 아르고스를 매개로 삶의 덧없음을 우리에게 보여주고 있다. 하인이란 주인이 권세를 잃으면 배신하기 십상이다. 예속의 날이 한 인간을 덮치면 제우스가 미덕의 반을 앗아간다는 호메로스의 말은 지금도 노예와 같은 삶을 살아가는 수많은 현대인들이 곱씹어봐야 할 뼈아픈 지적이다.

주몽이 아들 유리의 정체를 확인하는 과정에서 부자 관계의 신표로 인정한 것은 '부러진 칼'이었다. 20년 만에 거지가 되어 돌아온 오디세우스, 그가 이타카의 주인임을 공인받는 과정에서 제시한 신표는 무엇이었던가? 그것은 어렸을 때 사냥을 나가 '멧돼지의 흰 엄니에 부상을 당했던 흉터'였다. 오디세우스는 그의 충복인 돼지치기 에우마이오스에게 밝힌다. "자, 이 흉터를 보라! 이것이 전에 내가 멧돼지의 흰 엄니에 부상당했던 바로 그 흉터다."

하지만 아내 페넬로페는 이 신표를 믿지 않는다. 오디세우스를 키웠던 유모 에우리클레이아가 "나는 그분의 발을 씻다가 흉터를 보았어요"

라고 말해도 남편의 귀향을 믿지 않는다. 20년 동안 고대하던 남편이 눈앞에 나타나도 자신의 남편임을 인정하지 않는다. 악당 구혼자들을 다 처치하고 주검들을 청소하던 때 에우리클레이아가 잠든 페넬로페를 깨우며 "오셨어요. 마침내 주인님이 오셨어요"라고 두 번이나 알리는데도 듣지 않는다. "어느 신이 그들을 죽였겠지. 오디세우스는 귀향을 잃어버린 사람이야." 페넬로페는 멍멍하다.

오죽 답답했으면 옆에 있던 아들 텔레마코스가 어머니의 냉담을 탓했을까? "어머니, 마음씨 냉담하고 무정하신 어머니! 어째서 아버지에게서 멀리 떨어져 계시는 거예요? 천신만고 끝에 20년 만에 돌아온 남편한테서 이렇듯 멀찌감치 서 있는 여인은 정말이지 이 세상에 그 누구도 없을 거예요."

동서고금을 막론하고 사회가 여성에게 요구하는 미덕은 정절이었다. 남편의 품에 와락 안길 수 없는 것이 페넬로페의 처지였다. 페넬로페는 사랑하는 남편에게 가까이 다가가 머리와 손을 잡으며 입을 맞추어야 할지 어째야 할지 머뭇거릴 수밖에 없었다고 한다.

그래서 "아들아! 하도 얼떨떨해서 무슨 말을 할 수도 없고 물어볼 수도 없고 얼굴을 마주 쳐다볼 수도 없구나. 하지만 이분이 진실로 오디세우스이고 자기 집에 돌아오신 것이라면 우리 두 사람은 더 확실히 서로를 알아볼 수 있을 것이다. 우리에게는 다른 사람들은 모르고 둘만이 알고 있는 증거가 있으니 말이다"라고 답하곤, 유모 에우리클레이아에게 남편이 손수 만든 튼튼한 침상을 내놓으라고 명한다. 이것이 그 유명한 침대 이야기다.

이 침대의 비밀은 둘만 알고 있는 신표였다. 예전에 안마당엔 잎사귀가 긴 올리브 나무 한 그루가 무럭무럭 자라고 있었는데, 오디세우스가 땅속에 박힌 그 굵은 나무를 기둥으로 삼아 그 위에다 침상을 만들었다. 그것은 헤라클레스가 살아 돌아온다 하더라도 들어 올릴 수 없는 침대였다. 오디세우스는 침상의 구조를 담담하게 술회한다.

"그러고 나서 나는 잎사귀가 긴 올리브 나무의 우듬지를 자르고, 밑동을 뿌리부터 위쪽으로 대충 다듬은 다음에 청동으로 두루 깎아 침대 기둥으로 만들었지요. 그 침대 기둥부터 시작하여 침상을 만들었고, 드디어 다 완성되자 금과 은과 상아로 정교하게 장식하고 그 안에 찬란한 자줏빛 소가죽 끈을 맸지요. 이것이 내가 그대에게 제시하는 우리 침상의 특징이오."

그 자리에서 페넬로페의 무릎과 심장이 풀렸다. 그녀는 두 팔로 오디세우스의 목을 끌어안고는 머리에 입을 맞추며 말했다. "오디세우스여! 내게 화내지 마세요. 우리에게 슬픔을 주신 것은 신들이에요. 우리가 함께 청춘을 즐기다 노년의 문턱에 이르는 것을 신들께서 시기하셨던 거예요."

가인박명(佳人薄命)이라던가. 아름다운 사람들의 이별 역시 신의 질투 때문이란다. 하룻밤에 천년의 정분을 쌓는다는 말처럼 페넬로페의 그날 밤도 길고 길었던 모양이다. "그리하여 새벽의 여신이 나타나야 할 터였으나 빛나는 눈의 여신 아테나가 밤을 서쪽 끝에다 오랫동안 붙들어두는 한편, 새벽의 여신을 실어다주는 두 마리 말 람포스와 파에톤에 멍에를 얹지 못하게 했다." 참으로 평화롭고 아름다운 밤이었을 것이다.

이제 다시는 헤어지지 말고 행복한 노후를 누리자며 아내를 위로해야 할 순간이었다. 하지만 보장된 행복에 안주할 수 없는 오디세우스는 자신이 가야 할 고난의 내일을 아내에게 전한다. 저승의 테이레시아스에게 들은 그대로 말이다.

"구혼자들을 처단한 후, 그대는 노 하나를 들고 바다를 전혀 모르는 사람들에게 이를 때까지 길을 가도록 하시오. 마침내 어떤 길손이 와서 그대에게 곡식을 까부르는 키를 메고 있다고 말하거든, 그때 그대는 노를 땅에 박고 포세이돈에게 제물을 바치시오. 그러고 나서 집으로 돌아가 불사신들께 헤카톰베(소 100마리를 신에게 바치는 제사)를 드리도록 하시오. 더없이 부드러운 죽음이 바다 밖에서 와서 그대를 데려갈 것이고, 백성들은 그대를 둘러싸고 행복하게 살게 될 것이오."

사람들은 '행복'을 인생의 제일가는 가치로 꼽지만 철인들은 행복을 지고의 가치로 말하지 않았다. 호메로스가 저 불멸의 서사시를 통해 우리에게 말하는 가치는 삶의 '긍지'다. 자신의 죽음을 알면서도 어머니의 만류를 뿌리치고 전장으로 나가는 아킬레우스를 보면서 고대 그리스인들이 느꼈던 비극미는 바로 '긍지를 지닌 삶의 아름다움'이었다.

인생이란 뜻대로 되지 않으며, 우리는 매 순간 선택을 한다. 눈앞의 행복을 택할 것인가, 고통스럽지만 떳떳한 길을 갈 것인가. 오디세우스는 원치 않는 삶에 묵종하지 않았으며, 보장된 행복에 안주하지 않았다. 그 무엇에도 붙들려 있기를 거부한 사람, 끊임없이 새로운 세계를 열어간 사람, 오디세우스는 진정 자유인의 표상이었다.

"우리의 고난이 끝난 것은 아니오. 앞으로도 헤아릴 수 없이 많은 난관이 남아 있으며 나는 그것들을 모두 이겨내야만 한다오."

《오디세이아(Odysseia)》

'오디세우스의 노래'라는 뜻으로, 유럽 최고(最古)의 서사시 《일리아스》와 함께 호메로스 문학의 양대 산맥으로 꼽힌다. 트로이 공략에 참전한 오디세우스가 10년 동안의 귀국길에 겪은 표류와 모험, 그리고 귀국 후에 가족과 왕국을 되찾는 과정을 그려낸 총 24권(1만 2110행)의 방대한 저작이다.

주인공인 오디세우스는 뛰어한 지혜, 언변, 용기, 인내, 충성심을 지닌 인물로 묘사된다. 로마의 작가들은 로마의 기원이 되는 트로이를 파괴한 인물로 오디세우스를 경멸했지만 이후의 작가들은 '지혜로운 순례자', '뛰어난 정치인', '불굴의 모험가'로 그를 끊임없이 재해석하고 있다.

Chapter 2

———

철학자가 미소년을
사랑한 까닭은?

———

소크라테스
Socrates

"나에겐 두 명의 연인이 있다. 하나는 클레이니아스의 아들 알키비아데스이고 다른 하나는 철학이다." 소크라테스가 선언했다. 세상에, 천하의 소크라테스가 동성애자였다고? 소크라테스의 조금은 특별한 사랑법을 알기 위해 여기 플라톤의 《향연》이 준비되어 있다. 사랑에 대한 모든 것이 들어 있는 고전이다. 그중 압권은 '사랑이란 훌륭함을 낳고 기르는 것이며 불사에 이르는 길'이라는 대목이다. 그렇다면 훌륭함을 낳고 기르는 이는 누구일까? 또 어떻게 해서 사랑이 우리를 불멸의 길로 인도하는 것일까? 그 독특한 사랑법으로 그리스 최고의 정치가 알키비아데스를 사로잡고 서양철학의 대부 플라톤을 철학의 길로 인도한 소크라테스의 생각을 파헤쳐보자.

열일곱 꽃다운 나이의 아가씨가 마흔아홉이나 된 중년의 사나이를 남편으로 맞이한 것은 크산티페 나름의 사람 보는 눈이 있었기 때문일 것이다. 소크라테스의 외모는 두꺼비처럼 흉측했으나 그의 말은 유머가 넘쳐흘렀고 마음은 부드러웠으며 행동은 용감하고 정직했다. 여인의 마음을 맡길 만한 남자가 틀림없었다.

한번은 부자를 초대해 식사하게 되었는데 크산티페가 대접할 것이 없다며 걱정을 하자 소크라테스가 이렇게 말했다. "걱정할 것 없소. 교양 있는 사람이라면 이걸로 봐줄 테고, 교양 없는 사람이라면 어차피 우리가 신경 쓸 사람들이 아니잖소."

기록에 따르면, 소크라테스는 세 명의 아들을 크산티페에게 맡기고 눈을 감았다. 열여덟의 람프로클레스, 네 살배기 소프로니스코스, 그리고 젖먹이 메네크세노스가 그들이다. 소크라테스는 법정의 최후 연설에서 아테네 시민들에게 나이 어린 자식들을 잘 봐달라고 부탁했다. 남편의 도움 없이 혼자 세 아이를 키워야 했던 크산티페의 심정은 과부들만 알 것이다. 그런데도 아직까지 크산티페는 세기의 악처로 낙인찍혀 있다.

"사모님의 잔소리, 전 정말 참을 수 없습니다"라고 제자 알키비아데스가 말하자 "거위가 꽥꽥 울어도 자네는 잘 참질 않는가?"라고 스승은

답했다. "하지만 거위는 제게 알과 새끼를 낳아줍니다"라고 알키비아데스가 대꾸하자 소크라테스는 "크산티페도 그래. 내게 자식을 낳아주지 않았나"라고 되받았다.

사람들은 철학자 소크라테스가 남편으로서 책임져야 할 경제적 활동을 하지 않았기 때문에 크산티페가 악처가 될 수밖에 없었다는 동정론을 펴기도 한다. 그런데 과연 소크라테스가 경제적으로 무능했을까?

소크라테스의 경제적 무관심은 움직일 수 없는 사실이다. 그는 법정에서 여러 제자들을 가르쳤지만 수업료를 받은 적이 없다고 공개했다. 공자는 편육 몇 점만 가져와도 제자로 받아들였다고 한다. 그런데 소크라테스는 그것조차도 받지 않았다. 소크라테스는 매우 검소했다. 그의 교육은 공동체를 위한 봉사 행위였지, 사적 이익을 기대하는 경제활동이 아니었다.

고르기아스 같은 유명 소피스트는 학생 1인당 수업료로 1000드라크마를 받았고, 대다수 소피스트들도 300~400드라크마는 받았다고 한다. 1드라크마가 숙련공의 하루 일당이었으니, 우리 실정에 맞게 환산하면 소피스트의 평균 수업료는 3000~4000만 원이었다는 얘기다. 청소년 교육에 종사한 고대 아테네 지식인들은 제법 풍족한 생활을 누렸던 것이다.

대다수 소피스트들이 이처럼 고액의 수업료를 받던 시절에 소크라테스는 수업료를 거부했다. 소크라테스가 가르친 제자들이 빈한했던 것도 아니었다. 플라톤만 하더라도 아테네의 명문 귀족 집안 자제였으며, 크리토보울로스의 아버지 크리톤은 대부호였다. 이제 우리는 소크라테스가 경제적으로 무능한 철학자였다는 주장을 다시 생각해봐야 한다.

이제 "배부른 돼지보다 배고픈 소크라테스가 되라"던 존 스튜어트 밀의 발언은 정정되어야 한다. 소크라테스가 가난한 삶을 살았다면 그것은 자발적 가난이었다. 소크라테스는 그저 수업료를 받지 않았을 뿐이다. 그는 자신의 생활이 요구하는 필요 이상의 돈을 거추장스러운 사치품 정도로 간주했다. 검소한 생활 속에서 자유로운 삶을 향유한 사람, 가장 자유롭고 강직한 사람이었다.

미소년, 알키비아데스

"나에겐 두 명의 연인이 있다. 하나는 클레이니아스의 아들 알키비아데스이고 다른 하나는 철학이다."

대단한 선언이다. 소크라테스가 철학을 사랑한다는 것은 천하가 다 아는 상식인데 그런 그가 알키비아데스를 연모했다니? 이게 무슨 '자다가 봉창 두드리는 소리'인가? 제자들에게 늘 욕망의 절제를 주창해온 소크라테스 당신마저 숨겨놓은 애인이 있었다는 것인가?

기원전 432년 포테이다이아 전선에서는 세기의 두 인물이 한 천막에 동거한다. 한 사람은 이후 2500년의 서양철학을 대표하는 철인 소크라테스요, 또 한 사람은 페리클레스 사후 고대 아테네의 정계를 대표하는 당대의 풍운아 알키비아데스였다. 서른여덟의 소크라테스는 열여덟의 알키비아데스와 같은 천막에 동거한다. 무슨 일이 있었을까?

철학자 소크라테스가 동성애자였다는 사실을 뒤늦게 알고 눈이 휘둥
그레지는 사람들이 있는데, 이것은 별로 놀랄 일이 아니다. 성인 남성이
어린 소년을 사랑하는 이른바 소년애(paiderastia)는 고대 아테네인들이
누구나 공개적으로 즐겼던 귀족적 관행이었다. 소년의 애인이자 교사이
자 보호자가 되는 것이었다. 놀라야 할 것은 가장 못생긴 소크라테스가
알키비아데스를 사랑했다는 사실이다.

알키비아데스는 그리스 최고의 꽃미남이었다. 미모가 얼마나 출중했
던지, 10대인 알키비아데스를 연모하는 남성들이 너무 많아 아테네 여
인들이 질투를 했을 정도라고 한다. 알키비아데스가 20대가 되자 이번
에는 사정이 달라졌다. 그를 사랑하는 여성들이 너무 많아 아테네 남성
들이 원만한 부부 생활을 하지 못했다는 풍문이 전해온다. 플루타르코
스가 전해주는 알키비아데스 이야기를 들어보자.

알키비아데스를 사모하여 몹시 마음을 태운 사나이가 있었다. 그는
중견 정치인 아니토스였다. 어느 날 아니토스가 알키
비아데스를 초대했다. 그러나 알키
비아데스는 이 초대에 응하지 않
았다. 얼마 후 알키비아데스는
술을 잔뜩 마신 뒤 아니토스의
집에 갔다. 아니토스의 방 안에
는 금과 은으로 만든 그릇이 많
이 있었다. 알키비아데스는 하인

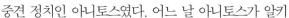

에게 일렀다. "저기 있는 그릇들의 반만 가지고 집으로 오너라." 남의 재산을 마치 자기 재산인 양 마음대로 가져가는 알키비아데스를 보며 손님들은 손가락질을 했다. "저런 건방진 놈이 다 있나!" 그러나 정작 아니토스는 만류했다. "그렇게 화낼 것 없소. 그는 다 가져갈 수 있었는데 반만 가져간 것이오."

알키비아데스는 장래가 촉망되는 청년이었다. 아테네가 자랑하는 최고 정치인 페리클레스가 돌봐주고 키워준 차세대 대권 주자였다. 고대 그리스인들은 4년마다 열리는 축제인 올림픽 경주에서 월계관을 쓰는 것을 생애 최고의 영광으로 알았다. 알키비아데스는 전차 경주에서 우승을 거머쥔 '쾌남'이었다. 그뿐인가. 연설 솜씨도 일품이었고, 타의 추종을 불허하는 전쟁 지휘자였다.

알키비아데스는 아테네인들과 불화를 겪어 스파르타에서 망명 생활을 한 적이 있었다. 스파르타 왕 아기스 2세가 전쟁터에 나가고 없는 사이 왕비 티마이아와 사랑을 나누었다. 왕비는 임신을 했다. 전쟁터에서 돌아온 아기스가 항의를 하자 알키비아데스는 왕비와 관계를 맺은 것은 쾌락 때문이 아니라 자신의 아들을 스파르타의 왕으로 만들고 싶어서였다고 대꾸했다고 한다. 어떤 사람이든 알키비아데스와 잠시 대화를 나누면 그의 미모와 언변에 봄눈 녹듯 녹아들어갔다고 한다.

세기의 풍운아 알키비아데스에게 보기 흉한 외모를 가진 소크라테스가 연정을 품었다니, 참으로 주제넘은 짓이었다. 실제로 소크라테스는 알키비아데스를 졸졸 따라다녔다. 알키비아데스가 체육관에 나타나면 소크라테스는 체육관 주위를 어슬렁거렸고 알키비아데스가 공회장에 나타나면 또 공회장을 배회했다. 오죽했으면 알키비아데스가 선생에게 그만 따라다니라고 직설을 퍼부었을까. "도대체 선생님께서 원하시는 게 뭡니까? 어떤 희망을 보고 계시기에 제가 있는 곳이면 매일같이 절 성가시게 하시는 겁니까?"

알키비아데스가 기원전 415년 시칠리아 정복 원정을 지휘하며 피레이스 항구를 떠날 때 그의 나이 35세였다. 그때까지 소크라테스는 알키비아데스를 졸졸 따라다녔다. 알키비아데스를 향한 소크라테스의 사랑은 일편단심 민들레였던가. 그러니 "나는 알키비아데스와 철학을 사랑했다"라고 고백할 만했던 것이다. 소크라테스의 철학 사랑과 알키비아데스를 향한 사랑이 동렬에 놓일 수 있다니, 그 사랑의 정체는 과연 무엇이었을까?

하지만 이 미소년에 대한 소크라테스의 사랑은 조금 달랐다. 첫째, 끈질겼다. 다른 사람들은 모두 일찌감치 단념했으나 소크라테스의 구애는 집요했다. 둘째, 말 한마디 건네지 않았다. 다른 이들은 성가실 만큼 말을 걸었지만 몇 해가 지나도록 소크라테스는 말 한마디 건네지 않았다. 이게 무슨 말인가? 사랑하는 연인에게 말 한마디 건네지 않았다니. 그렇다면 기원전 432년 포테이다이아 전선에서 함께 천막에 들어갔던 그 밤에도 아무 말을 하지 않았다는 것인가?

사랑의 나무는 연인들의 육체적 교감을 먹고 자란다. 크세노폰의 《향연》을 보면 소크라테스 역시 사랑의 행위에서 몸이 갖는 의미를 모르지 않았던 것 같다. "키스보다 더 강력하게 사랑에 불을 지피는 일은 없지요. 키스는 만족을 모르는 것이며 달콤한 희망을 줍니다."

소크라테스는 젊은이더러 키스하는 일을 자제해야 한다고 조언했다. 애인을 졸졸 따라다니면서 애무를 더 해달라고 애원하는 이를 비렁뱅이로 단정했다. 그렇다면 알키비아데스를 향한 소크라테스의 사랑, 그것의 정체는 대체 무엇이냐? 알키비아데스조차 소크라테스의 속내를 몰라 이렇게 말한다. "저는 선생님이 매달리고 계신 일이 도대체 뭔지 진짜로 알고 싶습니다."

소크라테스는 마침내 자신의 연인에게 고백한다. 알키비아데스 너는 조만간 민중 앞에 나서서 연설을 할 것이고 페리클레스 뺨치는 영향력 있는 정치가로 성장할 것이다. 하지만 네가 가슴속에 품어온 일을 이루려면 소크라테스 자신이 필요하다는 내용이었다. 과연 이것은 무엇을 의미하는가? "소크라테스 선생님, 선생님께서 말문을 여시고 나니 이제는 아무 말 없이 쫓아다니실 때보다 더더욱 이상한 분으로 보이네요."

사랑의 신 에로스를 찬미하자

────────

소크라테스가 알키비아데스에게 품은 사랑의 속내를 알고 싶은 우리의 호기심을 위해 플라톤은 《향연》을 준비해놓았다. 플라톤의 《향연》은 《소크라테스의 변론》과 함께 위대한 철인 제자가 소크라테스 철학의 입문자들을 위해 손수 차려놓은 밥상이다. 《향연》은 정신적으로 제2의 탄생기에 도달한 청년들에게 철학적 사유의 싹을 키워주는 작품이다. 삶의 의미는 무엇인가? 인간은 무엇을 위해 살 것인가에 대한 철학적 지침을 주는 책이다.

나도 대학 새내기 때 도서관 한구석에서 《향연》과 씨름한 적이 있다.
하지만 아무것도 이해되지 않았던 것으로 기억된다. 플라톤의 스토리는
이해하기 쉬우나 플라톤의 플롯은 간파하기 힘들다. 플라톤은 진짜로
말하려는 것을 감춘다. 그러니 플라톤의 《향연》을 감상하기 전에 먼저
크세노폰의 《향연》에 들러보는 것도 괜찮은 방법일 것 같다.

고대 아테네인들은 가까운 지인들을 초대하여 술과 음악을 곁들이며
대화를 즐겼다. 그냥 즐기는 저녁 회식이 아니라 나름의 종교적 의식을
수행하면서 가지는 품격 있는 자리였다. 크세노폰이 전하는 《향연》에
의하면 "탁자가 치워지고, 만찬에 참석한 사람들이 제주(祭酒)를 부은
후 찬가 〈파이안〉을 불렀을 때 시라쿠사 출신의 어떤 사람이 이들을 즐
겁게 해주기 위해 왔다"고 한다.

사람들은 관례대로 침상에 비스듬히 누워서 술을 마시며 연회를 즐겼
다. 시라쿠사 출신의 사람은 직업적인
엔터테이너였나 보다. 그는 플루트
연주자 한 명과 무용수 한 명을
데리고 왔고, 아주 잘생긴 노예
소년도 데리고 왔다. 향연의 분위
기가 어땠는가? 크세노폰은 증언한
다. "디오니소스는 춤추면서 아리아드네
에게 다가왔고 아주 사랑스럽게 그녀
의 무릎 위에 앉으며 그녀를 감

싸고 키스했다. 그녀는 부끄러워하는 듯했으나 그의 포옹에 화답했다. 향연에 참석한 사람들은 그 광경을 보고 박수갈채를 보내는 동시에 '한 번 더!'라고 외쳤다."

크세노폰의《향연》이 권투 시합에서 우승한 아우톨리코스의 승리를 축하하기 위해 열린 만찬이었다면 플라톤의《향연》은 비극 경연 대회에서 우승한 아가톤을 축하하기 위해 마련된 자리였다. 요샛말로 치면 신춘문예에 입상하여 등단의 꿈을 이룬 감격의 자리였다. 그런데 다들 전날에 술을 거나하게 마신 관계로 절제하는 분위기여서 각자 원하는 만큼 자작하기로 합의했다. 플루트를 연주하는 여인은 내보내고 그냥 대화만 나누기로 했다. 대화의 주제는 사랑의 신 에로스를 찬양하는 것이었다.

1번 타자 파이드로스는 사랑에 용기를 북돋아주는 힘이 있다고 설파하면서 '연인들의 군대'를 만들자고 제안한다. 2번 타자 파우사니아스는 말한다. 에로스에는 천상의 에로스와 세속의 에로스가 있는데, 세속의 에로스는 추한 것이니 법적 제재가 필요하다. 3번 타자 에릭시마코스는 에로스엔 대립물을 조화시키는 힘이 있음을 역설한다. 4번 타자 아리스토파네스는 인간의 기원에 관한 신화를 소개한다. 인간은 원래 자웅동체였다. 그런데 힘이 너무 좋아 신들에게 대들었다. 그러자 제우스가 인간의 오만을 징계하기 위해 인간의 몸을 두 쪽으로 쪼개버렸다는 것이다. 쪼개진 반쪽은 서로를 그리워하게 되었는데 이것이 에로스라는 것이다. 재미있는 이야기다. 드디어 5번 타자인 오늘의 주인공 아가톤이 등장한다. 신에 대한 아가톤의 찬사는 장황했다. 에로스는 가장 젊은 신이요, 에로스는 부드러운 신이요, 우아한 신이다. 에로스는 자제력이 강하면서도 동시에 용감한 신이다. 에로스는 시를 낳고 생물을 태어나게 하는 신이다. 에로스는 아름다운 신이며 훌륭하고……

에로스에 대한 찬사를 잔뜩 늘어놓는 아가톤을 향해 소크라테스는 찬물을 끼얹는다. 당신의 찬양은 인상적이었지만 동의하기 힘들다는 것이다. 그러나 정작 자신은 에로스를 어떻게 찬양해야 할지 모르겠노라 슬쩍 꽁무니를 뺀다. 작전상 후퇴다. 이어 그 유명한 산파술을 적용하여 에로스의 이중적 존재에 대해 설파한다.

소크라테스 | 에로스란 사랑하는 어떤 것에 대한 에로스지?

아가톤 | 그렇습니다.

소크라테스 | 에로스는 욕망하는 것을 소유하지 않기에 사랑하겠지?

아가톤 | 그렇습니다.

소크라테스 | 사랑한다는 것은 소유하지 않은 것을 소유하고 싶어하는 것이겠지?

아가톤 | 그렇습니다.

소크라테스 | 에로스가 아름다움을 사랑한다면 에로스는 아름다움을 결여하고 있겠군.

아가톤 | 그렇겠군요.

소크라테스 | 아름다움을 결여하고 있는 것을 아름답다고 말할 수 없겠지?

아가톤 | 그렇습니다.

소크라테스 | 아가톤 자네는 지금도 에로스가 아름답다고 생각하나?

아가톤 | 제가 잘 모르고 있었던 것 같습니다.

사랑이란 아름다움을 낳고 기르는 것

방금 전까지만 하더라도 에로스에 대해 온갖 찬사를 늘어놓던 아가톤이 한 방에 무너진다. 모르겠는데요. 당하지 않은 사람은 모른다. 전기가오리처럼 상대방을 쏘아붙여 정신을 빼놓는 특유의 문답법이었다. 이어 소크라테스는 담담하게 자신의 경험담을 들려준다. 소크라테스에게도 에로스가 무엇인지 몰라서 헤매던 젊은 시절이 있었단다. 그런 자신에게 에로스의 비밀을 가르쳐준 선생이 있었다. 디오티마라는 무녀가 바로 그 문제의 인물이다.

디오티마에 의하면 에로스는 중간자적 존재다. 에로스는 아름다운 것과 추한 것 사이에 있는 중간자이며, 필멸의 인간과 불멸의 신을 이어주는 중간자다. 에로스는 신이 아니다. 신과 인간의 중간에 있는 정령이다. 에로스의 아버지는 풍요의 신 포로스이고, 에로스의 어머니는 궁핍의 신 페니아다. 에로스는 어머니를 닮아 거칠고 누추한 데 거주하며, 아버지를 닮아 아름다운 것을 얻기 위해 용감하고 열정적으로 도전한다. 사랑이란 아름다움을 낳는 것이다.

디오티마에 의하면 모든 사람은 임신을 한다. 필멸의 존재인 인간에게 임신과 출산은 '신적인 일'이다. 인간에게는 죽지 않는 또 한 가지 방식이 있다. 사후에도 지속되는 명예가 바로 그것이다. 사람은 명성을 위해 죽을 각오까지 되어 있다. 또 혼의 관점에서 영원히 사는 일도 있다. 혼의 영원에 이끌리는 사람은 정신적 성취를 추구한다. 모든 시인과 예술가가 바로 그렇다. 디오티마는 정신적 방식으로 불멸을 추구하는 것이 물질적인 방식으로 불멸을 추구하는 것보다 훨씬 훌륭하다면서 다음과 같이 말한다.

"누구나 육신의 자식들보다 정신의 자식들을 갖고 싶어할 것입니다. 호메로스나 헤시오도스와 같은 위대한 시인들을 보며 그들이 남긴 자식들을 부러워하게 마련이지요. 그들의 작품은 시인에게 불후의 명성을 안겨주었으니까요. 또 리쿠르고스와 솔론은 스파르타와 아테네에 훌륭한 법을 만들어주었는데, 그들은 이 법을 통해 불멸을 획득했지요."

그렇다면 세종은 '한글'을 통해 불멸을 획득한 셈이다. 디오티마에 의하면 이 두 종류의 불멸 외에 세 번째 종류의 불멸이 있다. 물론 이 가능성은 아주 소수에게만 열려 있다. 디오티마는 이 가능성을 말하는데, 무엇을 말하는 것인지 알쏭달쏭하다.

"진정한 훌륭함을 낳고 기르는 이는 신들에게 사랑을 받게 됩니다. 바로 이 사람이야말로 불사입니다."

훌륭함을 낳고 기르는 이는 누구일까? 제자들의 영혼 속에 훌륭함을 낳고 기르는 이는 바로 소크라테스였다. 이 사람이야말로 불사라고? 알고 보니 소크라테스는 욕심이 무지무지 큰 양반이었다. 이 세 번째 불사에 이르는 통로에서 철학자는 신들이 늘 거주하는 불멸의 영역 안으로 들어선단다. 알고 보니 소크라테스에게 철학이란 불멸의 신전으로 들어가는 입구였다. 신들의 거처로 들어선다는 디오티마의 말은 매우 의미심장하다. 디오티마는 자신의 비의(秘義)를 살짝 비추어 보여준다.

"자, 에로스의 일에 당신도 입문할 수 있습니다. 하지만 에로스의 최종 목표에 당신이 도달할 수 있을지는 모르겠군요. 에로스를 향해 나아가려 하는 자는 젊었을 때 아름다운 몸을 향해 나아갑니다. 이 아름다운 것에서 시작하여 저 아름다운 것을 향해 올라가는 것입니다. 마치 사다리를 오르는 사람처럼 하나의 아름다움에서 둘의 아름다움으로, 둘의 아름다움에서 모든 아름다움으로 올라갑니다. 이제 아름다운 몸에서 아름다운 행실로 올라가고, 아름다운 행실에서 아름다운 배움으로 올라갑니다. 마침내 아름다운 배움에서 '아름다운 것 자체'에 대한 배움으로 올라가게 됩니다. 친애하는 소크라테스, 인간에게 삶이 가치가 있는 것은 아름다움 그 자체를 바라보면서 살 때입니다."

향연의 입구는 쉬웠다. 크세노폰이 보여주는 향연은 섹시했고 플라톤이 보여주는 향연은 즐거웠다. 그런데 소크라테스가 등장하면서부터 자리가 불편해지기 시작한다. 디오티마의 전승에 이르자 우리의 머리에는 쥐가 난다. 멍하다. 아름다운 것 자체란 무엇인가? "인간에게 삶이 가치가 있는 것은 아름다움 그 자체를 바라보면서 살 때"란다. 이는 무엇을 말할까?

플라톤은 《향연》의 말미에 알키비아데스를 출연시킨다. 알키비아데스는 소크라테스와 함께 전선을 지킨 전우였고, 소크라테스가 모든 혼을 다하여 키운 제자였으며, 소크라테스의 사랑을 한 몸에 받은 젊은이였다. 아킬레우스에게 파트로클로스가 있었다면 소크라테스에게는 알키비아데스가 있었다. 이제 알키비아데스의 고백을 통해 소크라테스의 삶이 추구한 비밀이 무엇이었는지 추적해보자. 알키비아데스는 향연이 무르익을 즈음 나타나 스승이 자기에게 했던 말을 증언한다.

"친애하는 알키비아데스, 자네는 자신의 미모보다 월등히 우월한 아름다움을 내게서 보고 있다네. 자네는 내 영혼의 아름다움을 자네 몸의 아름다움과 맞바꾸려 하고 있지. 이는 디오메데스가 자신의 청동 갑옷을 벗어주고 글라우코스의 황금 갑옷을 받듯, 청동을 황금과 맞바꾸려 하는 일이야. 복 받은 자여, 마음의 눈은 몸의 눈이 닫히면서 열리기 시작하는 거라네."

소크라테스에게 가장 가치 있는 활동은 아름다움을 낳고 기르는 것이었다. 제자들의 영혼 속에 아름다움의 씨를 뿌리고 기르는 것이 그의 삶이었다. 소크라테스에게 사랑은 아름다움을 출산하고 키우는 활동이었다. 알키비아데스를 향한 그의 사랑은 알키비아데스의 영혼을 위한 돌봄이었다. 소크라테스는 알키비아데스에게서 철인 왕을 찾고 있었다.

너의 영혼을 돌보라

철학은 영혼의 정화(katharsis)다. 인간이 신과 하나가 되는 길이 바로 철학이었다. 진리를 인식하면 영혼은 신들의 세계로 들어간다. 진리를 인식하는 것은 삶의 궁극적인 목표가 된다.

"너 자신을 알라(Gnothi Seauton)"는 금언은 델포이의 아폴론 신전 기둥에 새겨진 글이었다. 고대 그리스인들은 '지나치지 말라'는 글귀와 더불어 이 글귀를 신전의 기둥에 새겨놓았는데, 소크라테스는 델포이 신전에서 이 글귀를 보고 깊은 감명을 받았던 모양이다.

흔히들 "너 자신을 알라"는 금언을 '너의 무지를 알라'는 경고의 뜻으로 알고 있다. 틀린 해석은 아니다. 하지만 여기에서 사용된 무지를 도구적 지식의 결여로 이해한다면 이는 소크라테스에게 커다란 실례다. 소크라테스의 무지는 '앎이 없는 상태'요, 모든 '악행의 근원'이었다. 무엇을 위해 삶을 살아야 하는지도 모르는 그대의 불쌍한 영혼이여!

또 소크라테스가 제자들에게 "너 자신을 알라"고 했을 때 주의할 게 있다. '너 자신'의 '너'는 너의 몸이 아니라 너의 영혼이라는 말이다. 소크라테스에게 자아의 실체는 몸이 아니고 혼이었다. 인간의 몸이란 조만간 소멸하는 것, 영원한 것은 영혼이다. 그렇다면 우리가 돌보아야 할 것은 몸의 '삐까번쩍'이 아니고 영혼의 아름다움이지 않겠는가? 그래서다. 그래서 소크라테스는 법정에서 아테네인들을 향해 돈이나 명예를 탐하는 부끄러운 짓을 그만두고 자신의 영혼을 고양하는 일에 관심을 가지라고 설파했던 것이다. "너 자신을 알라"는 '너의 영혼을 돌보라'는 뜻이었다.

자, 그러면 이제 '사랑이란 훌륭함을 낳고 기르는 것이며 불사에 이르는 길'이라고 외쳤던 소크라테스의 최후로 돌아가보자.

철인의 최후

―――――

이곳은 사형 집행장. 오늘은 소크라테스가 독미나리즙을 마시고 저승으로 떠나는 날이다. 파이돈과 심미아스, 케베스 등 한 무리의 제자들은 이른 아침부터 감옥을 방문하여 스승의 마지막 떠나는 길을 지킨다. 사내아이를 안고 온 크산티페가 울부짖는다. "여보, 당신의 말씀도 오늘이 마지막이군요."

아내의 울음이 거북한 소크라테스는 크리톤에게 부인을 집으로 데려가라고 이른다. 그리고는 평소 시를 싫어했던 소크라테스답지 않게 꿈에서 시를 지으라는 소리를 여러 차례 들었다며, 철학이야말로 가장 위대한 시라고 말한다. 삶과 죽음, 몸과 혼을 둘러싼 최후의 철학적 시를 준비해왔다는 것이다.

몸(soma)은 혼의 무덤(sema)이요, 죽음은 몸으로부터 혼의 해방(lysis)이다. 이는 오르페우스 교도들의 신앙이자 피타고라스학파의 신념인데, 소크라테스 또한 동류의 사상을 제자들에게 말하고 있었다. 죽음은 몸과 혼의 분리요, 철학자는 육체적 욕망에서 자유로운 혼을 지향하는 사람이기 때문에 죽음 앞에서 당황하지 않아야 한다는 것이 소크라테스의 지론이다.

플라톤이 정리한 네 가지 덕목인 지혜와 용기, 절제와 정의 중에서 소크라테스가 가장 애지중지한 덕목을 고르라면 아마도 절제일 것이다. 지혜와 용기와 정의, 이 모든 덕은 절제에서 출발한다. 죽음의 공포를 절제할 줄 아는 전사가 용기 있는 전사이고, 삶의 즐거움을 절제할 줄 아는 시민들이 정의로운 나라를 운영할 수 있기 때문이다. 그래서 소크라테스는 다음과 같이 말한다.

"먹고 마시는 즐거움을 갈망하는 것은 지혜를 사랑하는 사람(philosopher)에게 해당되지 않을 거야. 성적인 즐거움은 물론이고. 몸에 관련된 다른 보살핌에 대해서도 어떻겠는가? 철학자는 몸이 아닌 혼을 향하지 않겠는가? 지혜를 사랑하는 이는 혼이 몸에서 벗어나길 희구하는 사람임이 분명해."

지금 소크라테스가 심미아스에게 설파하는 철학자의 태도는 현대인

의 언어로 바꾸면 무소유다. 산상수훈에서 "하늘을 나는 새를 보라"며 예수가 설파한 바로 그 무소유 말이다. 몸의 욕구에서 자유로워지길 희구하는 철학자라면 절제와 무소유를 삶의 기본 신조로 삼는 것은 당연하다.

이제 헤어져야 할 시간이다. 소크라테스가 독미나리즙을 마셔야 할 때가 다가왔다. 소크라테스는 자신의 혼이 이 지긋지긋한 몸에서 해방되어 '사유하는 순수한 영혼'이 될 거라는 희망을 품고 있다. 이곳에서 다른 곳으로 떠나가면 호메로스와 헤시오도스를 만나게 될 것이다. 저승에 당도한 소크라테스는 그곳에서도 캐묻는 즐거움을 그만두지 않을 것이나 그곳 사람들은 캐물음 때문에 그를 해코지하지 않을 것이라고 확신한다. 재판정에서 소크라테스가 남긴 마지막 말을 한 번 더 음미하자.

"이제 나는 죽으러 가고 여러분은 살러 갑니다. 저와 여러분 중 누가 더 좋은 제비를 뽑았는지는 오직 신만이 알 수 있을 것입니다."

고전 읽기

《파이돈(Phaidon)》

아테네의 감옥에 갇힌 소크라테스의 일상을 낱낱이 지켜본 파이돈이 에케크라테스에게
이야기하는 형식을 취하고 있다. 죽기 전에 소크라테스가 무슨 말을 남겼고, 죽음을 어떻
게 맞이했는지에 대해 플라톤은 생생하게 묘사하고 있다. 죽음은 영혼이 몸에서 해방되는
사건이며, 몸으로부터 자유로워진 영혼은 사후 세계에서도 자유로울 것이라는 '영혼불사'
의 사상을 담고 있는 이 책은 삶과 죽음에 관한 깊은 사유의 과정을 보여준다.

Chapter 3

———

늙은 키잡이는
바람을 읽는다

———

키케로
Cicero

늙는다는 것은 슬픈 일이다. 섣달 그믐밤 잠을 이루지 못하고 밤을 지새우는 것은 가버린 한 해가 아쉽기 때문일 것이다. '젊은 시절이 엊그제 같은데……' 한 살 두 살 나이를 먹으면서 청춘을 그리워하는 것은 서글프다. 그런데 여기 노년을 예찬하는 글이 있다. 청춘 예찬이 아니라 노년 예찬 말이다. 바로 키케로의 《노년에 관하여》다. 소년은 허약하고, 청년은 저돌적이며, 장년은 위엄이 있으나 노년은 원숙하다. 노년의 원숙함은 제철이 되어야만 거두어들일 수 있는 자연의 결실과도 같다. 키케로에 따르면, 늙어간다는 것은 성숙해가는 것이다. 늙는다는 것은 자유로워지는 것이며 인격의 완성을 뜻한다. 키케로가 말하는 노년의 축복과 즐거움을 만끽해보자.

그대들에게 묻노라. 섣달 그믐밤을 지새우는 까닭은 무엇인가? 여관방 쓸쓸한 등불 아래 잠 못 이룬 사람은 왜 그랬는가? 묵은해를 보내고 새해를 맞이하는 것을 탄식한 사람은 왕안석(王安石)이었고, 도소주(屠蘇酒)를 나이순에 따라 마시면서 젊은이보다 나중에 마시게 된 서러움을 노래한 사람은 소식(蘇軾)이었다. 사람이 어렸을 때는 새해가 오는 것을 다투어 기뻐하지만 나이를 먹으면 서글픈 마음을 갖게 되는 것은 무엇 때문인가?

— 이명한, 《백주집(白洲集)》 권20, 〈문대(問對)〉 중에서

노년 예찬

늙는다는 것은 슬픈 일이다. 섣달 그믐밤 잠을 이루지 못하고 밤을 지새우는 것은 가버린 한 해가 아쉽기 때문일 것이다. '젊은 시절이 엊그제 같은데…….' 한 살 두 살 나이를 먹으면서 청춘을 그리워하는 것은 서글프다. 그런데 여기 노년을 예찬하는 글이 있다. 청춘 예찬이 아니라 노년 예찬 말이다.

모든 사람이 다 스키피오처럼 위대한 승리를 회상하며 살 수는 없는 법이네. 또 다른 종류의 노년도 있다네. 조용하고 우아하게 보낸 부드러운 노년 말일세. 저술 활동을 하면서 여든하나에 세상을 떠난 플라톤의 노년이 그랬고, 아흔넷에 책을 쓰고 거의 5년을 더 산 이소크라테스의 노년도 그러했다네. 그의 스승인 고르기아스는 107세를 채우면서도 학구열이 식지 않았다지.

지금 《노년에 관하여》라는 글을 쓰고 있는 이 사람은 키케로다. 그리고 키케로가 소개하는 노년의 주인공은 바로 플라톤이다. 알다시피 플라톤은 스무 살 무렵에 소크라테스 동아리에 들어가 29세에 스승의 죽음을 목격한 뒤, 40세가 지나 그 유명한 아카데메이아를 창설한 철학의 대부다. 61세에 훗날 '학문의 제왕'이라 불리게 될 아리스토텔레스를 지도하기 시작했고, 81세의 나이에 제자의 결혼 피로연을 즐기다 숨을 거두었다. 키케로는 이 플라톤을 노년의 이상적 인물로 제시하고 있다.

소크라테스와 이름이 비슷해 우리를 혼동케 하는 이소크라테스는 플라톤과 동시대를 산 아테네의 현자다. 98세를 기록하였으니 대단한 장수(長壽)다. 그는 변론술을 가르치는 학원을 열어 훌륭한 인물들을 많이 배출했다. 폴리스 간의 대립 항쟁을 중지하고 전(全) 그리스를 통합하자는 범아테네 통합론을 주창했다. 키

De Senectute

케로의 변론술도 이소크라테스에게 영향을 받은 것이다.

그런데 이소크라테스의 장수보다 더 놀라운 것은 그의 스승인 고르기아스다. 그는 무려 107세까지 살았다고 한다. 고르기아스는 프로타고라스와 더불어 대표적인 소피스트다. "진리는 존재하지 않는다. 존재한다 하더라도 인식할 수 없다. 인식할 수 있어도 표현할 수 없다"로 압축되는 고르기아스의 불가지론은 2500년이라는 세월이 지난 오늘날까지도 우리에게 사색의 실마리를 제공한다. 플라톤의 대화편《고르기아스》는 소크라테스와 고르기아스 사이에 오간 사상의 혈투, 그것의 생동감 넘치는 중계였다.

키케로는 로마의 공화정을 옹호하여 카이사르의 독재에 맞서 싸운 로마의 정치가이자 웅변가였다. 그는 기원전 106년에 부유한 기사 계급의 가정에서 태어났다. 그 당시 로마는 공화정이 몰락하는 격변기에 있었다. 크라수스와 폼페이우스와 카이사르, 이 장군들이 협약을 맺고 로마 공화정을 장악한 것을 역사가들은 제1차 삼두정치라 부른다. 그러나 얼마 안 가 크라수스가 죽자 삼두정치의 불안한 동거 체제는 무너지고 폼페이우스와 카이사르 간의 대결이 벌어진다.

키케로는 공화정의 안정을 위해 양쪽의 화해를 촉구했지만 기원전 49년 카이사르가 루비콘 강을 건너 군대를 이끌고 로마로 진격하면서 사태는 내전으로 비화되었다. "누구를 피해야 할지는 알겠는데, 누구를 편들어야 할지는 도무지 알 수가 없다"라고 키케로는 자신의 고충을 털어놓았다. 한때 키케로는 카이사르를 지지했으나 삼두정치가 와해되고 내전으로 치닫자 공화주의의 입장에서 카이사르에 반대했다.

카이사르의 끈질긴 설득에도 키케로는 결국 폼페이우스 쪽을 선택했다. 공화정을 지키기로 한 것이다. 키케로는 카이사르를 독재자라 비판했다. 하지만 폼페이우스는 카이사르의 적수가 되지 못했다. 이집트까지 쫓긴 폼페이우스는 파라오의 손에 희생되고 폼페이우스의 목은 양동이에 담겨 카이사르에게 운반된다. 승부는 끝났다. 이때 카이사르는 폼페이우스의 부하들을 관대하게 대한 것으로 유명한데, 키케로에 대해서도 폼페이우스 편에 가담한 것을 문책하지 않았다. 내란이 종식되고 카이사르의 천하가 시작되자 키케로는 칩거하며 학문에만 몰두한다. 키케로가 불꽃같았던 젊은 날을 되돌아보면서 노년의 축복을 발견하는 것이 바로 이때다.

카토, 소로, 그리고 정약용

석가(釋迦)는 무엇을 위하여 설산(雪山)에서 고행을 하였으며, 예수는 무엇을 위하여 광야에서 방황하였으며, 공자는 무엇을 위하여 천하를 철환(轍環)하였는가? 밥을 위하여서, 옷을 위하여서, 미인을 구하기 위하여서 그리하였는가? 아니다. 그들은 커다란 이상, 즉 만천하의 대중을 품에 안고, 그들에게 밝은 길을 찾아주며, 그들을 행복스럽고 평화스러운 곳으로 인도하겠다는 커다란 이상을 품었기 때문이다.

– 민태원, 〈청춘예찬〉 중에서

민태원은 청춘을 예찬했으나 키케로는 노년을 예찬했다. 소년은 허약하고, 청년은 저돌적이며, 장년은 위엄이 있으나 노년은 원숙하다. 노년의 원숙함은 제철이 되어야만 거두어들일 수 있는 자연의 결실과도 같다. 키케로에 따르면, 늙어간다는 것은 성숙해가는 것이다. 늙는다는 것은 자유로워지는 것이며 인격의 완성을 뜻한다. 플라톤처럼 나이 팔순에 집필할 수 있다면 얼마나 원숙한 글을 쓸 수 있겠는가?

'노년은 우리를 활동할 수 없게 만든다'는 상식에 대해 키케로는 이견을 제시한다. 배가 원활하게 항해하려면 나이 든 노련한 선원도 필요하다는 것이다. 젊은 선원들은 더러는 돛대에 오르기도 하고 용골에 괸 물을 퍼내기도 한다. 그러면 나이 든 선원은 고물에 가만히 앉아 키를 잡고 길을 안내한다. 하지만 늙은 키잡이 선원이 아무것도 하는 일이 없다고 주장할 수는 없다. 물속의 암초를 피하고 바람을 읽는 늙은 키잡이의 역할은 매우 중요하다. 큰일은 체력의 왕성함이나 신체의 기민성에 의해 이루어지는 것이 아니다. 오히려 현명한 계획과 예민한 판단력에 따라 이루어지는 경우가 많다. 그런데 이런 자질들은 노년이 되면 더 늘어난다. 나이가 들면 건망증이 심해지고 기억력이 떨어지기도 하지만 합리적으로 판단하는 지혜는 오히려 는다. 경험이 주는 통찰력 말이다.

젊음과 체력이 필요한 활동에는 청년이 적합하지만 계획과 판단력이 요구되는 활동에는 노년이 더 적합하다. 키케로의 노년 예찬은 옳다. 젊은이들은 노인의 지도를 필요로 하며, 지혜로운 노인은 젊은이의 존경을 받는다. 키케로의 낙관은 세월의 흘러감을 한탄하던 왕안석(王安石)과 소동파(蘇東坡)의 우수(憂愁)에 비해 확실히 경쾌하다. 키케로는 패배했다. 카이사르에 맞선 권력투쟁에선 패배했지만 그 패배의 대가로 노년의 한가로움을 맛보았다면 키케로의 패배는 카이사르의 승리보다 더 값진 인생의 선물이리라.

노년에 관한 최선의 무기는 학문을 닦고 미덕을 실천하는 것이네. 나는 소크라테스가 열심히 악기를 배웠다는 말을 듣고 나도 그렇게 해보았다네. 나는 또 그리스어를 열심히 배웠다네. 기름을 대주지 않으면 등불이 꺼지듯, 마음과 정신도 공부를 하지 않으면 꺼지기 때문일세. 육체는 힘든 일을 하면 무거워지는 반면, 정신은 활동을 함으로써 가벼워진다네.

지금 학문을 닦고 미덕을 실천하는 것이 노년의 즐거움이라고 말하는 사람은 카토다. 키케로는 《노년에 관하여》를 쓰면서 85세까지 장수를 누린 선배 카토의 영혼을 불러냈다. 카토는 로마가 자랑하는 정치가이자 장군이었고, 저술가이기도 했다. 그런데 그 카토가 나이 60이 넘어 그리스어를 배웠다고 한다. 이게 무슨 소리냐? 기름을 대주지 않으면 꺼지는 등불처럼 공부를 하지 않으면 마음과 정신도 꺼져간다는 카토의 발견은 대단한 조언이다. 하지만 노인이 되어 그리스어 공부를 시작해 그리스 고전을 독파한다는 것은 너무 무모한 도전이 아니었을까?

영국의 프랜시스 베이컨은 《학문의 진보》에서 카토의 과욕을 이렇게 조롱했다. "카토는 학문을 모독한 죄로 그가 모독한 만큼의 벌을 받게 되었다. 60세도 넘은 늙은 나이에 다시 학교를 다니면서 그리스어를 배워 그리스 저작들을 직접 정독해보겠다는 강렬한 욕망에 사로잡히게 된 것이 그 벌이었다."

예수처럼 십자가의 형벌을 당하기는 싫으나 카토처럼 그리스 고전을 원어로 직접 읽는 형벌은 자초해도 괜찮지 않을까? 카토처럼 고전의 형벌을 자초한 현대인이 있다. 바로 19세기 중반 월든의 숲속으로 자발적 유배를 떠난 미국의 헨리 데이비드 소로다. 소로의 숲속 집 책상엔 늘 호메로스의 《일리아스》가 놓여 있었다고 한다. 소로는 사람들이 왜 이런 고전들을 외면하느냐고 묻는다. 책을 읽는 것은 고대 귀족의 특권이었다. 자유롭고 평등한 시대에 살고 있는 현대인들이 고전을 외면하는 것은 무엇인가? '고전을 읽는 평민들의 마을을 건설하자'는 소로의 제안은 우리가 주목해야 할 대목이다. "내 오두막은 독서를 하기에 어느 대학보다 좋았다. 나는 여름 내내 《일리아스》를 책상 위에 놓아두었다. 평민들로 구성된 귀족 마을을 건설하자."

소로처럼 월든 호숫가에서 자발적 유배의 삶을 선택한 경우는 아닐지라도 하늘이 그에게 유배의 선물을 점지해준 사람이 있다. 정조의 총애를 받다가 정조 사후 천주교 사건에 휘말려 전라남도 강진으로 유배를 간 정약용의 경우가 그렇다. 다산이 유배지에서 보낸 편지를 읽노라면, 키케로의 글이 띠는 밝은 색조에 비해 고독과 병마 속에서 몸부림치는 한 사나이의 불우를 보게 된다.

나는 천지간에 의지할 곳 없이 외롭게 서 있는지라 마음 붙여 살아
갈 것이라고는 글과 붓이 있을 뿐이다. 학자란 궁한 후에야 비로소
저술을 할 수 있다는 것을 이제야 알겠구나. 풍병(風病)은 이미 뿌리
가 깊어졌고…….

고대의 키케로와 현대의 소로가 공부를 즐거움의 원천으로 여겼다면
다산 정약용의 공부는 사뭇 비장하다. 다산의 글쓰기는 자신의 의지와
무관하게 강제된 유배의 고립을 이기기 위한 소통의 방안이었다. 살아
있는 한 연구해야 하고, 연구한 것은 전달해야 하는 다산의 글쓰기는 의
미심장했다. 다산에게 공부란 선비가 수행해야 하는 역사적 사명이었
다. 유배지에서 보낸 편지에는 이렇게 적혀 있다.

"나는 임술년(1802) 봄부터 책을 저술하는 일에 마음을 기울여 붓과
벼루를 옆에 두고 밤낮으로 쉬지 않고 일해왔다. 그래서 왼쪽 팔이 마비
되어 마침내 폐인이 다 되어가고 시력이 아주 형편없이 나빠져 오직 안
경에 의존하고 있는데, 이렇게 하는
것이 다 무엇 때문이겠느냐? 너희가
내 책을 읽어줄 것으로 여겼기 때
문이다."

1표 2서, 《경세유표》와 《흠흠
신서》와 《목민심서》는 18년 유

배 시절의 역작이었다. 다산은 쉰일곱에 유배에서 풀려나지만 그 후에
도 노구를 이끌고 책을 집필했다. 《여유당전서》라는 희대의 대작은 시대
의 불우(不遇)를 이긴 불후(不朽)의 사표다. 동시에 노년의 성취가 어디
까지 이를 수 있는지 보여준 위대한 본보기다.

하루를 천천히

키케로는 어려서 법률과 철학을 공부했다. 뛰어난 웅변술과
문장력으로 굵직굵직한 사건의 변론을 맡았다. 변호사로서 명성을 쌓았
고 마침내 로마의 제일가는 웅변가가 되었다. 그렇게 정계 진출을 위한
엘리트 코스를 거쳐 42세에 역대 최연소 나이로 집정관 자리에 올랐다.
시쳇말로 초고속 승진을 한 것이다.

이런 '엄친아'가 농경의 즐거움을 운운한다고? "이제 나는 농경의 즐
거움에 관해 이야기하겠네. 농경의 즐거움은 노년의 늙음에 의해 방해
받지 않네. 뿐만 아니라 내가 보기에 현인의 삶에 무척 잘 어울리는 것
같네. 대지는 지불 명령을 거부하는 일이 없더구먼. 오히려 높은 이자를
붙여 되돌려준다네." 혹자는 키케로의 농경 예찬에 회의적인 눈초리를
보낼 수도 있을 것이다. 대지는 지불 명령을 거부하는 일 없이 높은 이
자를 붙여 되돌려준다는 이야기는 가진 자들의 배부른 소리가 아니냐는
거다. 맞는 지적이다. 키케로의 농경 예찬 이면에 놓인 로마의 사회적·
경제적 배경을 간과해서는 곤란하다. 로마는 어디까지나 정복과 착취를

기반으로 한 제국이었고, 귀족들의 한가함은 노예들의 피땀 어린 노동 덕분에 가능했다.

카이사르가 갈리아 지역의 정복 전쟁에서 포획하여 로마에 헌납한 갈리아인의 수는 자그마치 50만 명에 이르렀다. 카이사르와 함께 삼두정치를 이끌었던 크라수스, 그가 거느린 노예의 수는 2만여 명이었다. 따라서 집정관이라고 하는 최고의 권좌에 오른 키케로 역시 적지 않은 노예들을 거느렸을 것이다.

"또한 나는 대지의 힘과 본성도 즐긴다네. 대지는 뿌려진 씨앗을 받아 그것을 눈에 띄지 않게 감추어두네. 그다음 대지는 씨앗을 포옹의 열기로 데워 초록색 잎을 틔우는데, 그러면 잎은 차츰차츰 자라나지." 우리는 왜 사람들이 나이가 들수록 흙냄새를 그리워하고 시골에 정착하려고 하는지를 눈여겨볼 필요가 있다. 그리고 키케로가 왜 이 '흙냄새'에 몰두했을지 생각해봐야 한다. 귀촌의 동경은 역설적으로 도시적 삶에서 온다. 흙냄새를 그리워하는 키케로의 취향 역시 권력투쟁에 대한 염증에서 온 것이리라. 지금 키케로는 씨앗의 발아 과정을 지켜보면서 예전엔 몰랐던 생명의 경이를 느끼고 있다. '대자연의 순환하는 질서에 대해 예민한 감각'을 지녔던 키케로, 그가 노년이 되어서야 처음으로 생명의 신비를 체험했다면 다산의 경우는 좀 다르다. 유배지에서 다산은 자식들에게 이런 편지를 띄운다.

"시골에 살면서 과수원이나 남새밭을 가꾸지 않는다면 세상에서 버림받는 일이 될 것이다. 내가 지금까지 집에 있었다면 뽕나무는 수백 그루, 접붙인 배나무는 몇 그루, 옮겨 심은 능금나무는 몇 그루 정도 됐을

것이고, 닥나무는 지금쯤 이미 밭을 이루었을 것이다. 남새밭을 가꾸는
데는 땅을 반반하게 고르고 이랑을 바르게 하는 일이 중요하며, 흙은 가
늘게 부수고 깊게 갈아 분가루처럼 부드러워야 한다. 미나리도 심을 만
한 채소다. 또 한여름 농사로는 참외만 한 것도 없느니라. 절약하고 본
농사에 힘쓰면서 부업으로 아름다운 결실을 얻을 수 있는 것이 바로 이
남새밭 가꾸는 일이다."

　고대 로마의 귀족 키케로가 역설한 농경 예찬이 농경에 내재한 즐거
움의 발견이었다면 조선의 몰락한 선비 다산이 강조한 농사 예찬은 농
경이 주는 실용성의 발견이었다. 키케로가 씨앗에서 싹이 움트는 걸 보
고 생명의 신비를 느꼈다면 다산은 몸을 움직여 일하여 얻는 농사의 실
용을 노래한다. 그렇다면 다산이 나무를 심고 채소를 키우고 있을 무렵
태평양 건너 아메리카 대륙에서는 어떤 일이 벌어지고 있었을까?

　1845년 3월 말, 미국의 월든이라는 작은 호수에서 28세의 젊은 시인
이 작지만 거대한 실험을 시작하고 있었다. 그는 아무도 없는 숲속에 들
어와 도끼로 나무를 베고 다듬어 통나무
집을 짓기 시작했다. 지나는 사람
들이 보기에 그 서툰 손놀림으
로는 도대체 개집 하나 만들어낼
성싶지 않았지만 시간이 갈수록 소로의 손
놀림은 부드러워지고 신속해졌다. 5월 초순
에 소로는 친지들과 함께 대들보를 얹을 수
있게 되었다. 이어 벽을 붙이고 지

붕을 올리는 일이 완료되자 그는 마침내 새로운 집에 입주하게 되었다. 7월 4일, 미국 독립기념일이었다. 19세기의 생태주의자 헨리 데이비드 소로의 모험이 시작되는 순간이었다.

그는 월든 호숫가에서 작은 집을 짓고 농사를 지으면서 여유 있는 자급자족의 삶을 증명하고 싶었다. 인간이 스스로 노력하면 노예로서의 삶을 살지 않아도 된다는 것을 몸으로 증명하기 위해 그는 집을 짓고 농사를 짓고 물고기를 잡으면서, 그리고 최대한 여가를 즐기면서 살 생각이었다.

그것이 바로 소로가 생각하는 자유인의 길이었다. 소로의 모험은 억압적인 정부와 과학기술 문명에 내재한 인간소외에 대한 저항이었고 대안의 삶을 찾기 위한 고독한 실험이었다. 소로가 태어난 해는 1817년이었다. 카를 마르크스가 1818년에 태어났으니, 이 둘이야말로 근대산업 문명에 대한 비판과 저항의 운명을 타고난 예언자가 아니었나 싶다.

이처럼 세 현자가 강조한 농경의 즐거움은 각각의 시대적 조건에 따른 특수성이 있지만 그럼에도 한 가지 공통점을 보여준다. 세 현자 모두 삶의 절제와 검소를 강조하고 있다는 점이다. 이것이 과연 우연의 일치일까?

"나는 쿠리우스의 시골집을 볼 때마다 그의 검소와 절제에 압도되고 만다네." 검소와 절제에 대한 키케로의 찬양은 저 멀리 소크라테스주의에서 받은 철학적 세례였으며, 가까이로는 스토아주의에서 받은 도덕적 훈련이었다. 《의무론》은 이렇게 말한다.

고통을 최고의 악으로 간주하는 자는 결코 용감한 자가 될 수 없고, 쾌락을 최고의 선으로 놓는 자는 결코 절제하는 자가 될 수 없다.

참 재미있는 웅변이다. 인간은 고통을 피하고 쾌락을 좋아한다고 주장하는 공리주의자 벤담은 키케로의 이 명제에 대해 뭐라고 반론을 펼까?

그러면 조선의 선비 다산 정약용은 검소와 절제에 대해 어떻게 말하는가? 그 역시 근검을 절박한 생존의 비결로 강조하고 있다. "내가 벼슬하여 너희에게 물려줄 밭뙈기 정도도 장만하지 못했다. 가난을 벗어날 수 있도록 너희에게 두 글자를 물려주겠다. 너무 야박하다고 하지 말거라. 한 글자는 근(勤)이고, 또 한 글자는 검(儉)이다."

젊은 시절의 열정이 꺼지고 나면 사람의 눈은 더욱 예리하게 현실의 허상을 파고든다. 파고드는 것이 아니라 보인다. 노인은 돌이킬 수 없는 청년 시절의 무모함, 의미 없이 보내버린 젊은 날들을 안타까워한다. 잠깐은 기쁘지만 지나고 나면 허망한 것들이다. 사람은 나이가 들어서야 진짜와 가짜를 가릴 수 있게 되고, 꼭 필요한 것만 가지는 것이 오히려 더 많은 것을 가질 수 있는 길임을 알게 된다. 검소의 풍요로움 말이다.

소로는 다음과 같이 말한다.

"우리는 사소한 일들로 인생을 낭비하고 있다. 간소하게 살자! 왜 우리는 쫓기듯이 인생을 낭비해가며 살아야만 하는가? 받을 만한 가치가 있는 편지는 내 생애를 통해 한두 통밖에 받지 못했다. 하루를 천천히 보내자."

결국 나도 죽는 것인가

———

키케로는 말한다. "피타고라스는 우리 영혼이 신적인 정신에서 유래했음을 믿어 의심치 않았다네. 나는 소크라테스가 생애의 마지막 날 영혼의 불멸에 관하여 논의했던 것을 연구했지. 과거에 대한 숱한 기억을 갖고 있는 것도 영혼이고, 미래에 대한 놀라운 선견지명을 갖는 것도 영혼이며, 저 위대한 예술과 학문을 창조한 것도 영혼임을 헤아려 보았을 때 영혼은 결코 사라질 수 없을 것이네. 인간은 태어나기 전부터 이미 대부분을 알고 있지. 아이들은 어려운 수학을 그토록 빨리 이해하잖아. 아이들은 처음 배우는 것이 아니라 상기하는 것이라네. 이것이 바로 플라톤의 가르침이지."

로마의 현자들은 플라톤의 영향 아래 있었던 것 같다. 그들은 《파이돈》을 읽으면서 소크라테스의 영혼불멸설을 배웠고, 《메논》을 읽으면서 플라톤의 상기설을 배웠던 것 같다. 또 키케로는 스토아적 명상을 즐겼던 것 같다. 그는 자연과 조화를 이루는 것이 선이라면 노인이 죽는 것만큼 선한 일도 없다고 말한다.

"만일 죽음이 영혼을 완전히 없애버린다면 죽음은 무시되어도 좋은 것이며, 만일 죽음이 영혼을 영생할 어떤 곳으로 인도한다면 죽음은 환영할 만한 좋은 것이지. 자연과 조화를 이루는 것이 선이라 면 노인이 죽는 것만큼 자연과 조화를 이루는 것이 또 어디에 있겠 는가?"

시간은 육체에서 온다. 그 검고 풍성하던 머리털이 백발이 되고 머리 숱이 성성해질 때, 말랑말랑하던 육체가 뻣뻣한 육신으로 변해 있을 때 시간은 덧없이 흐르는 것이고 결국에는 나도 죽는 것인가, 생각한다. 이 것은 홍안의 소년이나 기백 충만한 청년은 실감할 수 없는 질문이다. 씨 앗에서 싹이 트는 것을 반가워할 수 있는 것도, 한 떨기 꽃이 지는 것을 무겁게 받아들일 수 있는 것도 모두 나이 듦이 주는 선물이다. 자신의 겨울을 예감하는 길목, 키케로는 그 최후를 담담하게 받아들인다.

그의 나이가 환갑에 이르렀을 때 카이사르가 집권하고 공화정이 사실 상의 군주정으로 바뀌자 키케로는 정계를 떠난다. 청년들에게 철학을 가르치며 조용한 전원생활을 한다. 그는 철학에 대한 대화들을 책으로 엮거나 취미로 많은 시를 지었으며, 대부분의 시간을 별장에서 지냈다.

"이제 공화정을 회복시키시오!" 브루투스는 거사 직후 피 묻은 단검 을 치켜들고 키케로를 향해 이렇게 외쳤다. 기원전 44년 카이사르가 암 살되었다. 키케로는 원로원 의원들과 함께 그 광경을 지켜보았으나 브 루투스의 음모에는 가담하지 않았다. 브루투스 역시 키케로에게만은 암 살 모의를 비밀로 했다. 그들은 키케로를 누구보다도 존경하고 믿었지 만 그의 조심성을 잘 알고 있었던 것이다. 카이사르의 전횡을 못마땅하 게 여겼던 키케로는 이제 로마가 공화제로 복귀할 수 있으리라는 희망을 품었다. 키케로는 브루투스 측에게 조언을 제공했다.

당시 나이 60을 넘긴 키케로의 명성은 절정에 달해 있었다. 폼페이우스부터 카이사르까지 권력자들이 모두 쓰러진 상황에서 살아남은 원로 정치가는 키케로뿐이었다. 그는 옥타비아누스가 집정관에 당선되도록 도와주었다. 카이사르의 심복, 안토니우스를 견제하려는 조치였다.

키케로는 카이사르의 부하이자 막강한 권력자인 안토니우스를 견제하는 데 온갖 방법을 동원했다. 그는 〈필리포스에 대한 탄핵〉이라는 글에서 트로이 전쟁은 헬레네라는 한 여자 때문에 일어났고 로마의 내란은 안토니우스라는 한 남자 때문에 일어났다고 주장했다. 카이사르가 루비콘 강을 건넌 것은 안토니우스의 유언비어 때문이었다고 비난했다. "로마에서는 더 이상 법과 질서를 찾아볼 수 없고, 호민관도 말할 권리를 잃었으며, 바른 소리를 하는 사람은 모조리 쫓겨나 생명이 위태로울 지경이다"라고 안토니우스가 카이사르에게 말했다는 것이다. 카이사르의 루비콘 도강에 얽힌 대단한 비화다.

키케로가 안토니우스를 견제하기 위해 키운 옥타비아누스는 누구인가? 키케로가《노년에 관하여》를 쓰고 있던 기원전 44년, 옥타비아누스는 19세 청년이었다. 옥타비아누스의 어머니가 카이사르의 질녀였기 때문에 그는 카이사르의 보호를 받으며 성장했다. 기원전 43년 옥타비아누스는 안토니우스, 레피두스와 제2차 삼두정치를 시작했다.

옥타비아누스와 안토니우스는 레피두스와 함께 어느 작은 섬에서 만나 사흘에 걸쳐 회의를 했다. 그리고 모든 땅을 셋으로 나누기로 결정한다. 세 사람은 협정의 제물로 부담스러운 인물을 한 명씩 제거하는 데

합의한다. 레피두스는 친동생을, 안토니우스는 외삼촌을, 그리고 옥타비아누스는 키케로를 제물로 바치기로 합의했다. 키케로는 고립무원의 상태에 빠졌다. 이 소식이 전해졌을 당시 키케로는 별장에 머물고 있었다. 안토니우스가 보낸 병사들이 달려오는 것을 보자 순순히 목을 내밀었다. 이때 그의 나이는 63세였다.

오랜 시간이 흐른 어느 날, 옥타비아누스가 외손자를 보러 갔는데 그 아이가 마침 키케로가 쓴 책을 읽고 있었다. 인기척이 나자 아이는 책을 옷 속에 감추어버렸다. 옥타비아누스는 그 책을 빼앗아 한참을 읽더니 이렇게 말하면서 돌려주었다. "얘야! 이분은 뛰어난 연설가였고 훌륭한 애국자였단다."

플루타르코스는 키케로에 관한 이야기를 이렇게 마무리한다. 플루타르코스의 표현에 따르면 키케로는 이야기하기를 좋아했고 항상 웃는 얼굴이었다. 남을 시기하지 않았고, 칭찬에 후했으며, 돈에 무관심했고, 어질고 너그러운 태도를 견지했다. 무엇보다도 뛰어난 언변으로 사람들의 마음을 움직였다. 키케로는 사상가이자 웅변가이자 문장가였다. 그는 로마와 유럽에 철학적 어휘를 제공한 그리스 사상의 전달자였다.

《노년에 관하여(Cato Maior de Senectute)》

고대 로마의 정치가이자 철학자이자 문인이었던 키케로가 평생의 친구인 아티쿠스에게 《우정에 관하여》와 함께 헌정한 글이다. 자신이 주장했던 공화정이 카이사르에 의해 좌절되자 정계를 떠나 은둔하면서 62세 무렵에 이 글을 집필했다.

이 글은 로마 최고(最古)의 역사서 《기원론》의 저자인 카토가 등장하여 젊은이들에게 노년의 의미를 설명하는 형식을 취하고 있다. 만년의 플라톤처럼 조용하고 순수하게 학문에 매진하는 삶을 예찬하고 젊은이들이 갖지 못한 통찰력과 판단력을 노년의 미덕으로 제시한다. 《노년에 관하여》는 키케로의 또 다른 저서인 《의무론》, 《국가론》, 《수사학》 등과 함께 유럽에 철학적 어휘를 제공하고 그리스 사상을 전달하는 데 큰 역할을 했다.

다하면 변하고
변하면 통한다

《주역》
周易

정신분석학의 대가인 융이 유일하게 인정한 동양 사상이 있다. 공자가 '가죽 끈이 세 번 끊어지도록' 읽은 책이 있다. 다산 정약용이 힘든 유배 생활 중에도 수년에 걸쳐 연구한 고전이 있다. 동서양의 최고 지성들이 하나같이 심취했던 그것은 바로 《주역》이었다. 불패 신화의 주인공인 이순신마저 전쟁에 앞서 항상 《주역》의 괘를 짚었다니……

《주역》은 점서(占書)일까, 철학서일까? 《주역》은 진부한 주술 모음도 아니고, 그렇다고 과학적인 데이터도 아니다. 그런데 왜 점을 통해 주어진 대답이 질문자의 심리적인 맹점과 기가 막히게 잘 맞아떨어지는 것일까? 공자와 맹자는 물론이고 노자와 장자에 이르기까지 제자백가의 모든 사상에 깊숙이 배어 있는 동양 사상의 원류, 《주역》의 세계로 들어가 보자.

이순신의 명량대첩은 기원전 480년 페르시아의 침공을 맞아 그리스 사람들이 벌인 살라미스해전에 비견할 만한 세계 해전사의 금자탑이다. 살라미스해전의 승리가 있었기에 이후 그리스 문명이 있었고 그리스 문명이 있었기에 오늘의 유럽 문명이 가능했다면, 살라미스해전은 이미 지나간 죽은 사건이 아니라 21세기 현대사 속에 숨 쉬며 살아 있는 세계사적 사건이다. 마찬가지로 명량대첩이 있었기에 오늘의 한민족이 존속할 수 있었고 한민족이 있었기에 동아시아 문화가 더욱 빛나게 되었다면, 이는 지나친 자민족 중심의 역사관일까? 이순신의 위대함을 우리 입으로 떠드는 것은 일종의 팔불출이다. 하지만 7년이라는 기나긴 전쟁을 일기로 기록한 장수는 아직까지 세계사에 없었던 것 같다. '이순신 너, 전쟁통이니 목숨만 살려준다. 전쟁만 끝나봐라'라는 뜻을 지닌 굴욕의 면사첩(免死帖)을 선조에게 받고 배 12척으로 적선 133척에 맞서 31척을 격파한 전투가 바로 명량대첩이다. 지배 세력의 노골적인 살의와 적대 속에서 나라와 민중에게 충성한 비운의 장수가 또 있었던가? 카이사르가 《갈리아 전기》를 남겼고 처칠이 《제2차 세계대전》을 남겼으나 전쟁의 일상을 7년 동안이나 기록한 장수는 없었다. 《난중일기》가 있기에 우리는 400년 전의 진실 속으로 들어갈 수 있다. 1594년 7월 13일에 쓴 일기를 읽어보자.

홀로 앉아 면의 병세가 어떤가를 생각하고 글자를 짚어 점을 쳐보니 '군왕을 만나보는 것과 같다'는 괘가 나왔다. 아주 좋았다. 다시 짚으니 '밤에 등불을 얻은 것과 같다'는 괘가 나왔다. 두 괘가 다 좋은 것이었다. 조금 마음이 놓였다. 또 유 정승의 점을 쳤다. '바다에서 배를 얻은 것과 같다'는 괘가 나왔고, 다시 치니 '의심하다가 기쁨을 얻는 것과 같다'는 괘가 나왔다. 아주 좋다. 저녁내 비가 오는데 홀로 앉은 정회를 이길 길이 없다. 늦게 송전이 돌아가는데 소금 한 섬을 주어 보냈다. 오후에 마량 첨사와 순천이 보러 왔다가 어두워져서야 돌아갔다. 비가 올지 갤지를 점쳐보니 '뱀이 독을 뱉는 것과 같다'는 괘가 나왔다. 장차 큰비가 내리겠으니 농사가 걱정스럽다. 밤에 폭우가 내렸다.

면은 막내아들이다. 자식의 몸을 걱정하는 것은 부모의 공통된 마음일 것이다. 당시에는 전화가 없었다. 그래서 점에 물은 것이다. 유 정승은 서애 유성룡이다. 퇴계 이황의 학통을 이어받고, 임진왜란을 총괄 지휘한 명재상 유성룡 역시 《징비록》을 남겼다. 이순신은 유성룡이 있었기에 3군을 지휘하는 제독이 될 수 있었다. 그는 유 정승의 안위를 몹시 걱정했던 모양이다. 하지만 당시에는 이메일이 없었다. 그리하여 점에 물은 것이다. 그런데 날씨마저 점에 묻는 대목에서 우리는 이순신의 판단력을 의심하지 않을 수 없다. 세상에 한 나라의 운명을 거머쥐고 있는 전쟁 지휘자가 점을 쳐서 날씨를 묻다니! 그뿐만이 아니다. 적의 동태를 또다시 점에 묻는다. 1596년 1월 10일의 《난중일기》는 다음과 같이 기록한다.

맑은 날이었지만 서풍이 강하게 불었다. 적이 나타날지 나타나지 않을지를 알아보기 위해 점을 쳤다. '수레에 바퀴가 없는 것과 같다'는 괘가 나왔다. 다시 또 치니 '임금을 보고 모두 기뻐하는 것과 같다'는 괘가 나왔다. 좋은 괘였다.

나의 멘토, 《주역》

1991년 소련이 무너지고 있었다. 당시 미하일 고르바초프는 소련 사회를 개혁할 수 있다며 자신감을 보여주었지만 소련공산당이 '공공의 적'으로 인지되는 상황에서 과연 고르바초프의 개혁이 성공할 것인가? '인간의 얼굴을 한 사회주의를 하겠다'는 고르바초프의 말(言)은 좋았다. 그런데 고르바초프가 타고 있는 소련공산당이란 말(馬)은 이제 그만 버려야 할 폐마가 아니었나? 소련의 개혁은 성공할 것인가, 실패할 것인가? 소련 사회는 어디로 가고 있는가?

세계사의 전환기에 서서 소련의 향방이 어떻게 될지, 우리는 어떤 길을 가야 할지를 놓고 밤새 논의한 적이 있었다. 소련의 몰락은 세계사의 우경화와 맞물린 거대한 사건이고 이 사건이 국내 정세에 미칠 파장은 큰데, 우리는 판단할 수 있는 아무런 객관적 근거를 갖지 못한 처지였다. 답답했다. 내가 처음으로 《주역》에 물음을 던진 것은 이즈음의 일이었다. 지금도 그날 연《주역》의 괘가 잊히지 않는다.

산풍고(山風蠱)의 괘(≣)였다. "고(蠱)란 기물(器物)을 벌레들이 파먹거나 접시에 가득 담긴 음식에 벌레들이 우글거린다는 뜻이다. 태평함이 계속되면 내부에 부패와 혼란이 일어난다." 한자 고의 형상이 보여주는 그대로 쟁반 위의 복숭아를 우글거리는 벌레들이 파먹어 들어가는 모습이 산풍고다. 우리가 소련 사회의 내면을 보지 못해 판단을 중지하고 망설이던 그때,《주역》은 단언한다. '부패와 혼란의 시대'라고.

《주역》은 점서(占書)다. 진시황의 분서(焚書)를 피해 살아남을 수 있었던 것도《주역》이 점서였기 때문이라고 하지 않던가. 점은 인간의 미래가 초자연적인 힘에 의해 예정되어 있다는 운명론적 사고다. 점은 미신이며, 혹세무민의 한 전형이다. 세상을 바꾸려는 너의 행동은 무모하다. 운명에 순응하라. 이런 운명론적 세계관이야말로 타파해야 할 민중의 몽매라고 나는 배웠다. 나에게《주역》은 열어봐서는 안 되는 부끄러운

책이었다. 아무리 삶이 힘들지라도 자신의 머리로 세상을 해독해야지, 점서에 의존하면 쓰나?

부끄러운 일이었다. 나는 몰래《주역》의 점괘를 열어보곤 했다. 지금도 나는 판단 중지의 난감한 사태 앞에 서면《주역》을 열어보는데, 그때마다《주역》은 나의 고민에 대해 현명한 조언을 주었다. 참으로 희한한 일이다.

외국 유학을 망설이는 한 여선생이 있었다. 나는 그 여선생이 무엇 때문에 고민하는지 알지 못했다. 젊은 시절 외국에 나가 원하는 공부를 한다는데 무엇을 망설인단 말인가? 나는 그녀의 발을 붙들고 있는 밑바닥 현실을 모른 채 부탁하는 대로 《주역》의 점괘를 열어주었다.

손괘(損卦, ䷠)가 나왔다. 무엇 때문에 손해를 본다는 걸까? 교사의 업을 중단하고 배움의 길을 떠나는 것은 상식적인 견지에서 분명한 손실이다. 그래서 고민하는 걸까? 《주역》의 손괘는 이렇게 답하고 있었다.

손(損)이란 손실을 뜻하지만 단순한 손해가 아니라 오히려 봉사에 가깝다. 자기 힘을 나눠서 남에게 주는 것이 사회에 대한 봉사다. 아무런 이득도 없는 일을 주위의 비웃음을 받으면서 관철해가는 것이 손의 도(道)다.

이 짧은 글귀가 여선생의 고뇌를 온전히 대변하고 있었다. 더 큰 공부를 하여 훌륭한 교사가 되고 싶은 꿈의 본질은 사회에 대한 봉사다. 아무런 이득도 없는 일을 한다며 주위의 비웃음을 살 수 있다. 하지만 손괘는 말한다. "큰 목적을 위해 작은 욕심을 버려라. 눈앞의 작은 이익을 버리고 먼 미래를 차지하는 것이 중요하다." 그녀의 입가에 미소가 돌았고 눈이 빛났다.

나는 《주역》의 현명함이 어디에서 연유하는지 알지 못한다. 정말 판단하기 힘들 때 물어보는데, 카운슬러로서 《주역》의 능력은 대단하다. 어떻게 내 고민에 그렇게 적절한 답을 줄 수 있을까? 64괘는 저마다 다른 상황을 예고한다. 그중에서 내가 뽑아든 하나의 괘가 나의 고뇌에 대답한다는 것, 참으로 알다가도 모를 일이다. 《주역》의 괘가 64개이니, 확률로 치면 《주역》이 나의 고민 상황을 적절히 파악할 가능성은 64분의 1이다. 그런데 그때마다 적절한 답을 내놓는다. 그 이유는 무엇일까?

　독일의 심리학자 카를 융도 나처럼 의문을 가졌던 모양이다. 융은 지그문트 프로이트의 제자이고 인간의 집단 무의식을 깊이 파고든 세계적인 정신분석학자다. 30년 동안이나 《주역》의 비밀을 탐구한 그는 서구 문명의 합리주의적 전통으로는 이해할 수 없는 신비의 힘이 《주역》에 있음을 인정한다. "서구의 중국학(Sinology) 학자들이나 중국의 뛰어난 학자들은 《주역》이 진부한 '주술' 모음이라는 것을 내게 알리며 괴로워한다. 그러면서 그들은 주로 도가의 선사인 점술가들에게 점을 쳐본 적이 있다는 사실을 종종 인정한다. 물론 점은 '말도 안 되는 것'에 불과할 수 있다. 그러나 이상하게도 점을 통해 주어진 대답은 질문자의 심리적인 맹점과 기가 막히게 잘 맞아떨어진다."

　융은 합리주의자다. 그는 《주역》을 독일어로 번역한 리하르트 빌헬름에게 《주역》의 서문을 써주면서 자신의 고뇌를 이렇게 표현한다. "나는 이 서문을 쓰는 동안 그다지 행복하지 않았다는 것을 고백해야겠다. 과학에 책임감을 느끼고 있는 사람으로서 나는 증명할 수 없거나 이성이 받아들일 수 없는 것을 주장하는 데 거부감을 느낀다. 현대의 비판적인 대중에게 고색창연한 '주술' 모음을 소개하면서 그것을 다소나마 이해시키려는 것은 정말로 미심쩍은 작업이 아닐 수 없다. 그럼에도 불구하고 내가 이 일을 시작한 것은 고대 중국의 사유 방식이 눈에 보이는 이상의 것을 가지고 있다고 나 스스로 생각하기 때문이다. 독자들을 그 옛날 주술 세계의 어두침침함 속으로 데리고 가자니 당혹스럽다. 어쩔 수 없이 독자들의 호의와 상상력에 호소한다."

내게는 융의 고백이 오히려 친근하게 다가온다. 《주역》의 신통력에 대해 떠드는 그 어떤 동양의 현자보다 과학과 이성을 옹호하면서도 《주역》의 신비를 풀이해야 하는 융의 고뇌가 더 살갑게 느껴진다는 것이다. 《주역》은 지혜를 사랑하고 진정으로 자기를 알려는 사람에게 알맞은 책이라는 것이 융의 견해다. 《주역》은 철두철미하게 '자기 자신을 알 것 (self-knowledge)'을 주장하는 책이다. 《주역》은 경박한 사람이나 미숙한 사람을 위한 책이 아니며, 합리적 지식인을 위한 책도 아니다. 다만 자기가 하는 일을 깊이 생각하는 사람, 즉 성찰하는 사람에게 적합한 책이다.

《주역》에 묻는 것은 쉽다. 동전을 여섯 번만 던지면 된다. 100원짜리 동전의 앞면을 양(陽)이라 하고 숫자가 쓰인 뒷면을 음(陰)이라 약속하자. 동전을 여섯 번 던져서 차례대로 음(--)과 양(—)을 기록한다. 모두 양이 나오면 건위천(乾爲天) 괘(☰)이고 모두 음이 나오면 곤위지(坤爲地) 괘(☷)다. 세 번 음이 나오고 세 번 양이 나오면 천지비(天地否) 괘(☰)다.

한 번 던질 때마다 음과 양, 두 가지 경우의 수가 나온다. 따라서 여섯 번을 던지면 도합 64개 경우의 수가 나올 것이다. 마음속에 자신의 고민을 떠올리고 동전을 여섯 번 던져 자신의 괘를 찾아가는 이 척전법(擲錢法)을 사용하면 누구나 쉽게 《주역》과 만날 수 있다. 《주역》에 심리 상담을 부탁하는 것은 휴대전화를 조작하는 것만큼이나 간단하다.

동전을 던지자

─────────

자, 그러면 함께 척전법을 사용하여 《주역》 점의 묘미를 느껴 보자. 먼저 마음속에 나의 마음을 사로잡는 고민거리 하나를 떠올리자. 삼척동자도 그 답을 말할 수 있는 고민거리로 《주역》을 농락하면 곤란하다. 또 누가 보아도 부도덕한 짓을 가지고 길흉의 점을 물어도 안 된다. 이 길을 갈 것이냐, 저 길을 갈 것이냐, 용기를 내어 도전할 것이냐, 좀 더 참고 실력을 키울 것이냐, 일의 방향과 일의 때를 결정하지 못하여 번민하고 있다면 《주역》에게 멘토를 부탁해도 좋다.

조심스럽게 동전을 던져보자. 첫 번째와 두 번째는 음이 나왔고, 나머지 네 번이 모두 양이 나왔다. (☰)으로 구성된 괘는 간(艮)괘다. 간괘는 산(山)을 의미한다. (☰)으로 구성된 괘는 건(乾)괘다. 하늘(天)을 의미한다. 하늘 밑에 산이 있노라. 64괘 중 서른세 번째 나오는 달아날 둔(遯)괘(☷), 천산둔(天山遯)은 무엇을 상징하고 있는가? 그러면 이번엔 《주역》에 나온 괘사(卦辭)를 보자. 뭐라고 쓰여 있나?

둔(遯) : 형통하다, 곧으면 조금 이롭다.

이 말을 괘사라고 한다. 그런데 우리처럼 무식한 사람은 둔의 괘사가 무엇이라 씨불이고 있는지 도무지 알 수 없다. 그래서 이 괘사에 대한 해석이 등장한다. 이 해설을 해주는 멘토 아저씨를 '단(彖)'이라 부른다. 멘토 아저씨 단은 말한다. "은둔하면 형통하다. 스며들듯 자란다. 둔의 때는 참으로 큰 뜻이다." 머시여? 은둔하라고? 스며들듯 자란다고? 둔의 큰 뜻은 때에 있다고? 어쩌자는 건가?

이상과 같은 설명을 단사(彖辭)라 하는데, 우리처럼 무식한 사람을 위해 또 《주역》은 제2의 멘토 아저씨 '상(象)'을 보내준다. 상 아저씨는 뭐라 말하나? 들어보자. 멘토 상은 말한다. "하늘 아래 산이 있어 숨는다. 군자는 소인을 멀리하고, 미워하지 않되 엄하다." 아하, 이제 좀 느낌이 온다. 숨으라는 것이다. 소인이 설치니 군자가 나설 때가 아니라는 것이다. 됐다.

이제 괘와 단과 상에 대해 좀 알 것 같다. 괘는 인생살이를 64개의 경우로 나눈 점괘이고, 점괘마다 점괘를 풀이한 한 문장의 괘사가 있는데, 이 괘사가 너무 간략하고 함축적이어서 두 명의 멘토 아저씨가 나와 괘사의 뜻을 풀이해준다. 첫 번째 멘토 아저씨를 단이라 부르고 두 번째 멘토 아저씨를 상이라 한다. 이제 효사(爻辭)에 대해 알아볼 차례다.

초육(初六) : 돼지 꼬리, 위태롭다, 갈 곳이 있어도 가지 말라.

'초육'이라. 또 골치 아픈 단어가 나왔다. 뭐냐? 하나의 괘는 여섯 개의 효로 구성된다고 했다. 맨 처음 나온 효가 양의 효일 경우 초구(初九)라 하고, 음의 효일 경우 초육이라 한다. 두 번째 나온 효가 양의 효일 경우 구이(九二)라 하고 음의 효일 경우 육이(六二)라 한다. 세 번째 나온 효가 양의 효일 경우 구삼(九三)이라 하고 음의 효일 경우 육삼(六三)이라 한다. 네 번째 나온 효가 양의 효일 경우 구사(九四)라 하고 음의 효일 경우 육사(六四)라 한다.

다섯 번째 나온 효가 양의 효일 경우 뭐라 할까? 그렇다. 구오(九五)라 한다. 음의 효일 경우 뭐라 할까? 그렇다. 육오(六五)라 한다. 그러면 여섯 번째 나온 효가 양의 효일 경우 뭐라 할까? 구육(九六)이라 할까? 아니다. 맨 위에 있는 양이니 상구(上九)라 한다. 여섯 번째 나온 효가 음의 효일 경우 뭐라 할까? 육육(六六)이라 할까? 아니다. 맨 위에 있는 음이니 상육(上六)이라 한다. 초심자들에겐 다소 당혹스러운 명명법이다. 별것 아니다. 그냥 넘어가자.

이제 둔괘의 두 번째 효사로 돌아간다. "황소 가죽을 잡으라. 벗어나지 말라." 황소 가죽을 잡으라니, 무슨 말이냐? 멘토 상 아저씨가 슬쩍 보탠다. "황소를 잡으라는 것은 뜻을 굳건히 하라는 것이다." 이제 조금 알 것 같다. 둔괘란 군자가 자신의 때를 만나지 못함을 말하는데, "황소 가죽을 잡으라"고 조언한 것은 '그럴수록 뜻을 굳건히 하라는 것'이로구나.

점은 미신인가

────────

미래 앞에서 인간은 무력하다. 언젠가는 죽게 마련이지만 내일 죽을지 모레 죽을지는 아무도 모른다. 미래를 알려는 인간의 욕망은 점을 만들어냈고 이 점은 인류 역사의 보편적 현상이었다.

좌구명의 《춘추좌전(春秋左傳)》을 보면 고대인들이 중요한 정치적 판단을 점에 의존했음을 확인할 수 있다. 노나라 희공 25년(기원전 635)의 기사에 따르면 진나라 문공이 거북점을 쳤다고 한다. "길하다. 옛날 황제가 관천에서 신농씨의 후손과 싸웠을 때와 유사한 괘"가 나왔다.

노나라 선공 12년(기원전 597) 봄, 초나라의 장왕이 정나라를 포위했을 때 점을 쳤다. "태궁 앞에서 울면서 전차를 거리에 세우고 이동할 준비를 하는 것은 길하다"라는 점괘가 나왔다. 점괘대로 움직였더니 초나라 장왕이 군사를 후퇴했다고 한다.

또 노나라 희공 15년(기원전 645) 9월의 기사를 보면 왕이 딸의 혼사를 결정하는 과정에서도 점에 의존해 판단했다는 기록이 나온다. "진(晉)나라 헌공이 딸 백희를 진(秦)나라로 시집보내며 시초점을 쳤다. 귀매괘(歸妹卦, ䷵)가 규괘(睽卦, ䷥)로 변하는 점괘를 얻었다." 고대인들은 정치적·군사적 사안만이 아니라 관혼상제의 모든 일상사까지 점에 의존했다는 것을 알 수 있다.

이런 고대 동아시아인의 풍습을 놓고 동양인들은 미신을 즐겼다며 비웃는 서양인이 있다면 이는 크나큰 실수다. 고대 그리스인들 역시 점에 의지하며 살았다. 세계의 배꼽이라는 델포이는 무엇을 하던 곳인가? 일종의 점집이 아니던가? 여자 무당의 혼몽에서 쏟아지는 헛소리를 신탁이라고 존중했던 그리스인들과 미아리 점집에 가는 우리들이 다를 게 무엇인가? 미아리에 자리를 깔면 미신이고 델포이에 자리를 깔면 신탁이라는 등식은 서구인들의 자문화중심주의가 아닌가?

합리적 사유의 대표자 소크라테스도 판단하기 힘든 사안에 대해서는 델포이에 가서 물으라고 했다. 소크라테스의 제자 크세노폰이 스파르타 사람들과 합세하여 페르시아의 왕자 키루스의 용병이 되고자 했다. 아테네 사람이 스파르타와 합세하는 것이 찜찜했던가? 크세노폰은 자신의 행동이 과연 올바른 행동인지 스승에게 물었다. 소크라테스는 답변했다. "델포이에 가서 물어봐." 고대 그리스에서 제일가는 철학자마저 신탁에 의존했을 정도이니 일반인의 의존도는 보나마나가 아닌가.

크세노폰은 《아나바시스》에 이런 기록을 남겼다. "날이 밝자마자 장군들이 모여 제물을 바치기 시작했다. 첫 번째 제물을 바치자 곧장 길조가 나타났다. 그러자 장군들은 제물을 바치고 돌아가 군사들에게 아침 준비를 하라고 명령했다."

전투의 결과는 아무도 예측할 수 없다. 패전의 결과를 누가 책임질 것인가? 전투에 들어가기 전에 신의 뜻을 묻는 행위는 인간의 자만을 경계하는 의미를 가지며, 한 번 더 숙고하는 성찰의 계기라고도 풀이할 수 있다. 무엇보다도 한 개인의 결정으로 추진되는 전쟁이 아니라 신의 동의를 받아 결정된 전쟁이라고 했을 때 전사들의 사기는 충천할 것이다. 그런데 뜻하던 것과 반대로 패전을 했다. 누가 책임질 것인가? 만일 특정 장수가 자신의 판단에 따라 공격 명령을 내렸다면 그에 따른 패전은 특정 장수의 몫이다. 그런데 신탁에 따라 공격 명령을 내렸다면 그에 따른 패전도 신의 뜻이다. 그렇게 위안을 삼을 수 있다는 이야기다. 잘못이 있다면 신을 경건하게 경배하지 못한 인간에게 있을 뿐이다. 이렇듯 신의 뜻을 묻는 행위는 집단의 단결을 공고하게 만드는 것과 긴밀하게 연결되어 있었다.

헤로도토스는 그의 책 《역사》에서 살라미스해전을 둘러싼 델포이의 신탁을 이렇게 기록했다.

"제우스는 그대에게 나무 성벽을 주실 것이다. 이 나무 성벽만이 그대와 그대의 자식들을 도와주리라. 신성한 살라미스 섬이여, 너는 여인들의 자식들을 죽이게 되리라."

이 예언에 나오는 나무 성벽은 무엇이었을까? 많은 아테네인들이 아크로폴리스에 목책을 박자고 주장할 때 문제의 '나무 성벽'을 배(船)라고 해석한 이는 테미스토클레스였다. 그가 있었기에 아테네인들은 살라미스해전에서 페르시아를 물리칠 수 있었다. 알고 보니 '여인들의 자식들'이란 페르시아 병사들이었다.

《주역》은 인간사에 대한 철학적 성찰인가, 미래에 대한 예측인가?《주역》은 《역경(易經)》과 《역전(易傳)》의 복합물이다.《역경》은 64괘를 풀이한 괘사와 효사의 묶음이고 《역전》은 멘토 단과 상의 조언 및 〈계사전〉과 〈설괘전〉 등의 부록을 일컫는다.

《역경》이 만들어진 시기는 주나라를 창건한 문왕과 무왕, 그리고 성왕의 시기로 본다.《역경》은 명확히 점서다. 주나라 이전의 은나라는 특히 상제의 뜻을 중시한 나라였다. 주지하다시피 은나라 왕들은 거북점을 쳐서 상제의 뜻을 기록했다. 그러니까 기원전 1600여 년 전에서 기원전 1100여 년까지 500년 동안 축적되어온 거북점의 모음집은 일종의 '은왕조실록'이었던 셈이다.

방대했을 것이다. 간략하게 정돈할 필요가 있었을 것이다. 64괘를 창시한 이가 주 문왕이라고 한다. 아마도 그는 '은왕조실록'의 복잡다단한 일들을 간략하게 정돈하기 위한 형식으로 64괘를 구상해냈을 것이다. 이후 주나라의 창건자들은 64괘의 괘사에 그들의 지혜를 상징적으로 구축했다. 《역경》의 괘사 가운데에는 은나라 몰락의 필연성과 주나라 창건의 정당성을 암시하는 문구가 꽤 많다. 《시경》의 〈대아〉 편과 함께 《역경》의 여러 괘사들은 주나라의 창건을 정당화하는 〈용비어천가〉이기도 하다.

《역경》의 괘사와 효사는 은말 주초의 역사적 사실에 토대한 것인데, 너무 짧다. 상징적으로 서술할 수밖에 없다. 또 너무 짧다 보니 상징적으로 해석될 수밖에 없다. "돼지 꼬리가 짧다." 뭔가? "주머니를 묶다." 뭐냐? 한자의 뜻도 애매하다. 글자도 애매하고 뜻도 모호하다.

그래서 이제 《역경》의 뜻을 풀어줄 사람이 요청된다. 멘토 아저씨 단과 상이 등장하는 것이다. 그런데 멘토의 풀이를 듣는 왕과 제후들은 더 깊은 이야기를 요청했을 것이다. 괘사와 효사를 풀이하는 것에 그치지 말고 64괘 전체의 뜻을 풀이해달라. 통일적 해석을 제출해달라는 요청이다. 또 《역경》의 기원은 무엇이고, 출현의 시대적 배경은 무엇이며, 그 철학적 원리까지 설명해달라. 똑똑한 제후라면 누구나 그의 신하에게 《역경》의 경연을 부탁했을 것이다. 그래서 〈계사전〉이 나오고, 〈설괘전〉이니 〈서괘전〉이니 〈잡괘전〉과 같은 해설집이 나오는 것이다. 《역경》의 해설서 《역전》은 이런 구도 속에서 조금씩 그 윤곽을 잡아나갔을 것으로 보인다. 전문가들은 《역전》의 성립을 전국시대 말기로 획정한다.

《역경》과 《역전》의 합본을 《주역》이라 한다. 왕필의 손에서 최초의 《주역》 텍스트가 만들어졌다고 한다. 다시 말한다. 《역경》은 기원전 10세기 전후에 만들어진 점서다. 《역전》은 춘추전국시대를 거쳐 오랜 시일 동안 누적되어 형성된 철학적 해설서다. 그렇다면 《주역》이란 무엇이냐? 점서이자 철학적 해설서다.

소련의 몰락은 우리에게 이념의 재정립이라는 만만치 않은 과제를 제기했다. 소련이 몰락하게 된 역사적 원인조차 분석하지 못하는 우리가 스탈린주의로 대변되는 낡은 사회주의가 아닌 새로운 사회주의 이념을 찾아내는 것은 참으로 지난한 일이었다. 이념도 이념이지만 실천의 노선을 바꾸는 것은 더욱 힘든 일이었다.

삶이 괴로우면 벗을 찾지만 사람이 괴로우면 산을 찾는다. 더 이상 사람들과 대화를 나누기 싫을 때 산은 넉넉하게 사람을 감싸준다. 나 역시 광주의 무등산을 미친놈처럼 헤집고 다녔다. 비가 후드득후드득 내리는 여름날, 산 정상에서 시내까지 빗길을 걸었다. 지금도 당시 《주역》이 나에게 보여준 괘가 잊히지 않는다. 택수곤(澤水困)의 괘(䷮)였다.

《주역》은 택수곤의 괘를 이렇게 풀이한다. "곤(困)이라는 글자는, 울타리 안에 있는 나무가 뻗으려 하지만 막혀 있어서 괴로워하는 상태를 나타낸다." 입 구(口) 자 속에 갇힌 나무라니! 나의 처지를 이토록 간략하게 표현할 수도 있단 말인가! 나무는 땅속 깊이 뿌리를 뻗으려고 하지만 콘크리트 바닥을 뚫지 못하고 있다. 나무는 햇볕을 쬐기 위해 하늘로 가지를 뻗으려 하지만 감옥에 갇힌 수인처럼 차폐되어 있다. 사방이 꽉 막힌 상태인 것이다. 《주역》은 계속해서 말한다. "괘의 형상도 가득 차 있어야 할 연못의 물이 말라버린 상태를 나타낸다. 또 세 개의 양효가 전부 음효에 가로막혀 괴로워하는 형상이다. 즉 시시한 패들에게 훼방을 받아 뜻대로 되지 않는다." 해설은 이어서 다음과 같이 말한다. "지금난에 봉착한다. 무엇을 말해도 믿어주지 않듯 사방이 막혀 있는 때를 가리킨다."

나는 이즈음 집도 없는 신세였다. 차라리 지하에서 운동을 할 때가 좋았다는 생각이 여러 번 들었다. 그때는 집 걱정, 돈 걱정을 할 필요가 없었기 때문이다. 공개 영역으로 올라와 운동을 하자니 맨 먼저 우리의 발목을 붙든 것이 돈이었다. 나뿐만 아니라 여러 동료들이 아이의 우유 값이 없어 곤혹스러워했다.

역시 《주역》은 시시한 처세서가 아니었다. 《주역》은 말한다.

곤란과 고통 속에서도 발전의 길을 잃지 않는 사람이야말로 참된 군자다. 변함없이 초지(初志)를 관철하라.

인간의 참된 가치는 시련이 닥쳤을 때 비로소 나타나지 않는가?

이후 많은 동료들이 곁을 떠났다. 나는 지금까지 단 한 번도 다른 길을 선택한 동료들에게 원망의 마음을 품은 적이 없다. 왜냐하면 내가 가는 이 길이 너무 험난하기 때문이다. 그렇다고 내가 가는 길에 의구심을 품은 적도 없다. 아마도 "초지를 관철하라"는 《주역》의 메시지가 나의 무의식까지 내려오지 않았나 싶다.

절대적으로 절망적인 상황은 존재하지 않는다. 대립물은 전화(轉化)한다. 《주역》의 묘미는 바로 여기에 있다. 《주역》은 사물의 특정 측면에 시선을 고정시키는 우리의 닫힌 눈을 열어준다. 다하면 변하고 변하면 통한다(窮則變 變則通). 모순이 깊으면 깊을수록 근본적 해결이 요청되며, 중요한 것은 인간의 실천이다. 역사는 인간이 해결할 수 있는 문제만을 인간에게 제기한다고 하지 않았던가?

동양사상의 원류

세종대왕은 한글을 창제하고 정인지에게 훈민정음 창제의 정신을 풀이하는 해제문을 짓도록 했다. 정인지는 훈민정음의 창제 원리가 천지인삼재(天地人三才) 묘합의 원리에 있다고 풀이했다. "모음과 자음은 소리의 음과 양이요, 초성과 중성과 종성은 소리의 삼재다." 그런데 '천지인'이라는 개념은 《주역》의 〈계사전〉에서 쓰인 말이었다. 한글과 《주역》이 이렇게 연결되어 있다니 놀라울 따름이다.

퇴계 이황이 선조의 성리학 공부를 돕기 위해 지었다는 열 폭의 병풍으로 집약된 《성학십도》 가운데 첫째 도표가 〈태극도설〉이다. 〈태극도

설〉역시《주역》의 〈계사전〉을 옮겨 적은 것이었다.

무극(無極)인 태극(太極)이 있다. 태극이 움직여서 양을 낳고, 움직임이 극한에 이르면 고요해져서 음을 낳으며, 고요함이 극한에 이르면 다시 움직인다. 한 번 움직임과 한 번 고요함이 서로 뿌리가 되어 음과 양으로 나뉘어 양의가 된다.

《주역》은 동양 사상의 보고(寶庫)다.《주역》을 읽으면 노자가 보인다. "음과 양이 지속적으로 반복되는 것, 이것이 도다(一陽一陰之謂道)"라는《주역》의 원리를 살짝 바꾸면 "뒤집어지는 것이 도의 움직임이다"라는《도덕경》으로 둔갑하기 때문이다.

또 "겸손한 사람은 공손을 다하여 자리를 보존한다"라는 겸괘(謙卦, ䷏)를 뒤집으면 노자의《도덕경》이 된다. "공을 이루었으면 몸은 물러선다."

《주역》은 동양의 변증법이다. 해가 지면 달이 뜨고 달이 지면 해가 뜬다. 해와 달이 번갈아 떠서 밝음이 생긴다. 추위가 가면 더위가 오고 더위가 가면 추위가 온다. 추위와 더위가 번갈아 와서 1년이 이루어진다. 가는 것은 굽히는 것이요, 오는 것은 펴는 것이다. 수축과 팽창의 상호작용에 의해 이(理)가 생긴다. 모든 사물은 대립물의 통일이요, 대립물은 상대편으로 변한다. 영원히 반복되는 자연의 운행을 한마디로 정리하면 '낳고 또 낳는 것'이다.

천년에 한 명만 이해할 수 있는 책

유배지인 강진에 간 다산은 곤궁했다. 천하에 아무도 돌보아 주는 이 없는 국사범이었으니 오죽할까. 주막 할머니의 도타운 정만이 다산의 불우를 걱정하는 유일한 벗이었다. 학자란 궁한 후에야 비로소 저술을 할 수 있는 것인가. 주나라 문왕이 유리(羑里)에 갇혔을 때에야 비로소 《주역》이 나왔고, 사마천은 궁형을 겪고야 《사기(史記)》를 완성했다. 외로워야 글을 쓰는가.

강진 유배 18년의 세월, 하늘이 다산 정약용에게 유배를 점지한 까닭은 무엇이었을까? 아들에게 보낸 편지를 보면 《주역사전》과 《상례사전(喪禮四箋)》의 집필에 하늘의 뜻이 있었던 모양이다. "《주역사전》은 내가 하늘의 도움을 얻어 지어낸 책이다. 《상례사전》과 《주역사전》, 이 두 가지 책만이라도 후세에 전해진다면 나머지 책들은 없애버려도 괜찮다."

《주역사전》은 하늘의 도움을 얻어 지어낸 책이라는 다산의 선언은 다산의 자부심을 표현하고 있다. 《주역사전》은 무슨 책일까? "이 책에 통달할 수 있는 사람은 천년에 한 명 나오기도 어려울 것이다"라고 다산의 형 정약전이 평가했듯이, 범부의 눈으로는 도저히 뚫고 들어갈 수 없는 책이다.

다산에게 《주역》은 무엇이었나? "저는 갑자년(1804)부터 《주역》 공부에 전심하여 지금까지 10년이 되었지만 하루도 어떤 일을 점쳐본 적이 없습니다." 이것은 미래의 일을 알기 위해 의탁하는 요행의 점서로 《주

역》을 대해서는 안 된다는 그의 태도
를 말해주고 있다.

《주역》의 목적은 상제의 뜻을
청명(聽命)하는 것이다. 점을 치
는 이유는 상제의 말씀을 듣는 것
이다. 인간은 상제의 뜻을 청취하기 위해 상징을 고안했고 그것이 역의
괘상들이다. 그런데 인간이 이런 상징을 만들어낼 수 있는 것은 자연계
의 다른 존재들과는 달리 '영명(靈明)한' 존재이기 때문이다. 대자연의
영혼인 담일청허(湛一淸虛)의 기가 들어와 인간의 영혼이 되었다면 인간
이라는 소우주와 자연이라는 대우주가 소통할 수 있음을 의미한다. 이
런 의미에서 주자가 희구하는 신령님이나 다산의 상제는 같은 존재다.
그렇기 때문에 점법에서는 자연의 흐름과 일치하는 마음의 담일청허한
상태를 요구한다. 자연의 흐름과 일치하지 않는다면 대자연이든 상제
이든 말씀을 들을 수 없다. 정약용은 둘째 형에게 보낸 편지에서 이렇게
말한다.

"《주역》을 공부하려고 할 때는 반드시 조용한 장소를 먼저 구해야
합니다. 닭 우는 소리, 개 짖는 소리, 아기 보채는 소리, 아낙네 탄식
하는 소리 등이 가장 꺼려집니다. 어떻게 해야 그러한 곳을 얻을 수
있을까요?"

다산은 46세가 되던 해 《주역사전》을 마감했다. 과연 우리는 46세에 다산의 《주역사전》을 읽을 수라도 있겠는가? 컴퓨터 앞에서 게임을 하는 것처럼 《주역》의 점괘를 물어보는 것은 쉬운 일이다. 하지만 컴퓨터 프로그램 자체를 만드는 것은 쉬운 일이 아니다. 문왕과 주공의 합작으로 《역경》이 탄생했고 왕필과 공영달과 주희에 의해 자습서가 마련되었다면 다산에 이르러 새로운 해설서가 나왔다. 우리는 아직 다산의 깊이를 모른다. 그렇다고 절망할 일은 아니다. 당대의 석학들도 《주역》의 참고서들을 이해하지 못해 헤맸다고 하지 않는가?

하루는 내가 이가환에게 물었다. "다른 경서는 대략 이해가 통합니다만, 《주역》만은 알 수가 없으니 어떻게 하면 알 수 있겠습니까?" "《주역》에 대해서는 이미 알 수 없는 것으로 판정을 내렸으니 죽을 때까지 서로 논의하지 않도록 하세."

— 정약용, 《여유당전서》 중에서

고전 읽기

《주역(周易)》
《시경》, 《서경》과 함께 유교의 3경으로 꼽히며 '역경(易經)' 혹은 '역(易)'으로도 불린다. 이 책은 점복을 위한 원전(原典)인 동시에 어떻게 흉운을 물리치고 길운을 잡을지 알려주는 처세서이자 우주론적 철학서기도 하다. '주역'이란 글자 그대로 주나라의 역이란 말이다. 《주역》이 나오기 전에도 하나라의 《연산역(連山易)》과 상나라의 《귀장역(歸藏易)》이라는 역서가 있었다고 한다. 역이란 말은 '바뀐다', '변한다'는 뜻이며 천지만물이 끊임없이 변화하는 자연현상의 원리를 설명하고 풀이한 것이다.

Chapter 5

삶도 모르는데
어떻게 죽음을 알리요

공자
孔子

춘추전국시대 사상의 시장에서 쌍벽을 이루는 인물을 꼽으라면? 흔히
들 공자와 노자라고 생각하겠지만 사실은 공자와 묵자여야 한다. 전국
시대부터 한(漢) 대에 이르기까지 공묵(孔墨)이라 묶어 부를 만큼 묵자
의 권위는 대단했다. 묵자에게는 소크라테스의 절제가 있고, 예수의
사랑이 있으며, 공자의 인(仁)을 넘어서는 실천적 평등주의가 있었다.
묵자는 입으로 말해놓고 몸으로 실천하지 않는 위선을 싫어했다. 그래
서였을까? 묵자는 공자를 상대로 문제를 제기한다. 귀신의 존재를 부
정하는 유가에서 왜 그렇게 제사를 중요하게 여기냐고. 누구나 한 번
쯤은 품어봤을 의문, '돌아가신 조상이 나를 돌봐주는 수호신이 될 수
있을까?'라는 질문을 두고 사상의 혈투가 시작된다.

대도(大道)가 행해질 때 천하는 공공의 것이었다. 어질고 능력 있는 이를 존중했고 말과 행동이 일치했다. 사람들은 자신의 부모만을 부모로 섬기지 않았고 자신의 자식만을 자식으로 돌보지 않았다. 노인은 여생을 한가로이 보낼 수 있었고 젊은이는 저마다 일자리가 있었다. 홀아비와 과부, 고아와 병자를 모두가 보살펴주었다. 바깥문을 열어놓고 닫지 않았으니 이를 대동(大同)이라 한다.

내가 《논어》를 가르치기 시작한 것은 서른여섯 그즈음의 일이었다. 호구를 해결할 길이 없어 들기 시작한 분필이 지금은 나의 업이 되어버렸는데, 30대의 나는 "삼십에 이립(而立)하고, 사십에 불혹(不惑)하며, 오십에 지천명(知天命)이라"라는 공자의 자서전을 제자들과 함께 읽으면서 지천명의 의미를 풀이하지 못해 쩔쩔맨 적이 있었다. 주지하다시피 이립이란 정신적 자립과 경제적 자립을 아우르는 말일 것이며, 불혹은 더 이상 의혹이 없을 만큼 학문이 명료하게 정돈된 상태를 말할 것이다. 그런데 지천명이란 무엇인가? 나이 오십에 이르러 마침내 우주의 원리를 깨달았다는 것인가, 아니면 자신의 운명을 알게 되었다는 것인가? 어느 쪽인가?

그 후 인생의 태양이 석양을 향해 기울기 시작하던 마흔이란 나이에 삶의 무상함을 자각할수록 거꾸로 육욕의 유혹이 격랑처럼 몰아치기 시작한다는 것을 알았다. 공자가 말한 불혹이란 단지 학문적 불혹만을 의미하는 것이 아니라 도덕적 불혹을 내포하는 말이었음을 뒤늦게 알게 되었다. 고전은 삶의 깊이만큼 자신의 속살을 드러내나 보다. 나는 지천명의 뜻이 무엇인지 함부로 속단하지 않기로 했다.

어느덧 내 나이도 오십을 훌쩍 넘어버렸다. 이제 생각해보니 공자가 나이 오십에 깨달았다는 '천명'은 바로 '치국평천하의 대망을 이루는 일'이었음에 분명하다. 공자는 대동 세상을 희구했다. 그리하여 법무부 장관이나 다름없는 노나라의 대사구 자리를 박차고 나와 천하를 돌아다닌 것이다. 그의 나이 54세의 일이었다.

이후 공자의 14년 유랑 생활은 고달팠을 것이다. 치국평천하의 천명을 자임하며 권력자들을 교화하려 했으나 가는 곳마다 퇴짜를 맞는 것이 그의 일생이었다. 공자의 구직 운동을 비아냥하는 노자류가 많았다. 미생무(微生畝) 역시 노자류의 일원이었음이 분명하다. "구(丘, 공자의 본명), 왜 그렇게 떠돌아다녀? 당신의 말재주를 자랑하는 거야?"

세상에 도가 없으면 숨는다는 것을 공자도 모르는 바는 아니다. 천하에 도가 있으면 나아가 벼슬하지만 도가 없을 때에는 숨는 법이라고 《주역》은 가르친다. 공자 자신도 그렇게 가르치지 않았던가? 하지만 미생무의 지적을 수용할 수 없었던 모양이다. "말재주를 자랑하다니요? 왕들의 고루함에 가만히 좌시할 수가 없을 따름입니다."

앞에는 군자의 도를 알아주지 않는 권력자들이 있고 뒤에는 이를 시샘하는 은자들이 많았으니, 공자의 유랑 생활은 실로 고뇌에 찼을 것이다. 오죽하면 제자들 앞에서 "쓰이지 않는구나!"라면서 한탄까지 했을까. 하지만 한편으로는 "하늘은 나의 진심을 알아줄 것"이라고 배포 좋게 호언장담하기도 한다. 문제는 공자의 포부와 이상이 권력자의 식객으로 머무를 수 없을 만큼 컸다는 데 있었다.

공자는 남에게만 욕을 먹은 게 아니다. 심지어 제자들에게도 오해를 샀다. 공자는 제자들의 취직 문제로 위나라 왕 영공을 알현한다. 당시 위나라는 늙은 영공의 애첩이 막강한 실권을 행사하고 있었는데, 그 애첩의 이름이 바로 남자(南子)다. 선비가 취직 문제로 남의 나라 왕의 첩을 만난다는 것은 확실히 불편한 사안이었을 것이다. 하지만 공자에게는 명분보다 실리가 더 중요했다. 깔끔하게 차려입고 남자를 만나고 나오는데, 제자 자로(子路)의 눈빛이 심상치 않다. '선생님, 부적절한 만남이 아닌가요?' 하고 따져 묻는 듯한 눈빛이었을 것이다. 공자는 맹세한다. "만약 내 말이 진실이 아니라면 하늘이 나를 버릴 것이다. 하늘이 나를 버릴 것이다(天厭之)!"

공자의 이 '하늘'은 의미심장한 단어다. 사랑하던 제자 안연(顏淵)이 죽자 "아아, 하늘이 나를 버리는구나!"라며 탄식했고, 아끼던 제자 백우(伯牛)가 몹쓸 병에 걸리자 "이럴 수가! 이것이 하늘의 명인가!"라며 한탄했다.

공자의 삶과 사상을 이해하는 데 '천(天)'은 핵심적인 개념이다. 대동 사회를 이루는 것이 개인의 야심이 아니라 자신의 천명이라 이해한 공자, 그에게 '천'은 철학자의 형이상학적 원리가 아니라 한 사람의 실존을 이끌어가는 '살아 있는 목소리'였다.

공자는 초월적 존재에 대해 어떤 생각을 가지고 있었을까? 또 사후 세계에 대해서는 어떤 발언을 했을까? 공자가 인격신인 하느님을 믿지 않은 것은 분명하다. 공자는 무신론자였다. 하지만 조상에 대한 제사의 의미를 중시한 인물이기도 했다. 그런데 귀신의 존재에 대해서는 매우 애매모호한 발언을 했다. 제자들 역시 귀신이 있는지 없는지에 대한 스승의 대답이 무척 듣고 싶었을 것이다. 역시나 용감무쌍한 자로가 단도직입적으로 묻는다.

"선생님, 귀신은 어떻게 모셔야 합니까?"
"살아 있는 사람도 제대로 섬기기 어려운데 귀신 얘기는 뭐하러 하느냐?"
"그러면 죽음이란 무엇입니까?"
"아직 삶도 잘 모르는데 죽음을 어찌 알겠는가?"

묵자가 노린 공자의 딜레마

고대의 평등주의자이자 평화주의자인 묵자가 진시황의 분서갱유에 희생되어 2000년 동안 역사에서 잠든 것은 매우 슬픈 일이다. 묵자에게는 소크라테스의 절제가 있고, 예수의 사랑이 있으며, 공자의 인(仁)을 넘어서는 실천적 평등주의가 있었다. 그럼에도 묵자가 받은 천대와 괄시는 눈물이 날 정도다. 사마천의 《사기》에서도 공자는 왕과 제후의 이야기를 담은 〈세가(世家)〉 편에 실린 반면 묵자는 〈열전(列傳)〉에도 못 끼는 찬밥 신세를 당했다.

사마천의 기록에 따르면 묵자는 송나라 사람이다. 송나라는 은나라의 후예들이 살던 곳이며, 은나라는 동이족이 세운 나라다. 따라서 묵가의 사상에는 동이족과 한족의 길항 관계, 그 흔적이 남아 있을 것이다.

제자백가들은 모두 송나라 사람들을 바보 취급한다. 《맹자》에는 곡식의 모가 빨리 자라지 않는다고 모를 억지로 뽑아 올리는 알묘조장(揠苗助長)의 우화가 나오는데, 이 알묘조장의 주인공이 바로 송나라 사람이었다. 또 《한비자》에는 농부가 나무 그루터기에 토끼가 머리를 부딪쳐 죽기를 기다리는 수주대토(守株待兎)의 우화가 있는데, 이 이야기의 주인공도 송나라 사람이었다. 묵자를 바라보는 사마천의 시선도 제자백가들과 마찬가지였을까. 사마천은 묵자의 글에 문학적인 가치가 없다고 혹평한다.

하지만 전국시대부터 한대에 이르기까지 사람들이 공묵(孔墨)이라 묶어 부를 만큼 묵자의 권위는 대단했다. 《장자》의 〈제물론〉에는 "그러므로 유가와 묵가는 옳은 것을 그르다 하고, 그른 것을 옳다고 우긴다"라며 작은 차이에 집착하는 유가와 묵가의 어리석음을 질타하는 대목이 나온다. 이를 통해서도 장자의 시대에 묵가가 유가 못지않게 영향력이 있는 집단이었음을 추측할 수 있다.

《여씨춘추》의 기록에 따르면 공자와 묵자는 전국시대 사상의 시장에서 쌍벽을 이루었다고 한다. "두 선비는 모두 죽은 지 오래되었지만 이들을 따르는 무리가 갈수록 늘어나고 제자들도 많아져 천하에 충만했다."

그런데 묵자에 대한 《사기》의 기록은 너무 간략하다. 유가를 옹호하는 사마천의 눈에 묵자의 일관된 유가 비판이 거슬렸던 것일까? 묵자는 주나라의 귀족주의적 문물을 일관되게 비판한 인물이었다. 인간을 차별하는 것은 그릇된 짓이라며, 서로 사랑하고 함께 이익을 나눌 것을 주창한 이가 바로 묵자였다.

말로만 평화를 사랑하고 전시에는 아무런 대항도 하지 못하는 무기력한 평화주의자와는 달리 묵자는 침략 전쟁을 직접 막아내는 수성(守成) 위주의 전투적 비공론(非攻論)을 내세웠다. 초나라가 송나라를 치려 하자 묵자와 제자 300명은 방어용 무기를 가지고 송나라의 성을 굳건히 지켰다.

살아서는 고생이요, 죽어서도 각박했던 묵자의 도는 우직한 송나라 사람들을 빼면 실행하기가 힘들었을 것이다. 오죽했으면 장자마저 묵자의 전투적 실천주의에 고개를 흔들었을까? "묵가의 원칙은 각박하다. 뜻은 좋지만 실천은 잘못된 것이다. 스스로 고행을 자초하여 종아리에 살이 없고 정강이에 터럭이 없는 것으로 서로 경쟁을 벌이게 할 뿐이다."

하지만 나는 묵자의 실천주의가 좋다. 묵자는 한 끼에 두 가지 고기반찬을 먹지 말라고 가르쳤고, 장사를 지내면서 재물을 땅에 묻지 말라고 가르쳤다. 그리고 묵자 자신은 흙으로 만든 그릇에 거친 밥과 콩잎국을 먹었다고 한다. 앎과 행동이 일치되는 삶을 산 것이다.

입으로 말해놓고 몸으로 실천하지 않는 것은 위선이다. 묵자는 이 위선을 싫어했다. 말과 행동이 일치한 인물, 그가 바로 묵자였다. 《회남자》에 따르면 "묵자를 모시는 제자들이 180명 있었는데, 모두 칼날을 밟고 불길 속으로 뛰어들어 죽는다 하더라도 발길을 돌리지 않을 사람들이었다"고 한다. 오늘날 '전태일을 따르는 사람들'은 알고 보면 묵자의 후예들이다.

그런데 이 묵자는 일관된 유신론자였다. 이것 때문에 지난 1960년대 문화혁명 기간에 중국공산당에게 또 한 차례 혹독한 수난을 겪기도 했다. 묵자의 상제(上帝, 天)는 의지와 감각을 가진 완전한 인격신이었다. 겸애하는 자에게는 상제가 상을 주고 서로 차별하여 증오하는 자에게는 벌을 준다고 묵자는 말했다. 도덕의 근거를 상제에게서 찾은 묵가는 길흉화복의 주재자인 상제의 존재를 적극 옹호했다. 하늘은 무엇을 바라고 무엇을 싫어하는가? 하늘은 의로움을 바라고 불의를 싫어한다. 그러니 천하의 백성을 거느리고 의로움에 종사한다는 것은 곧 하늘이 바라는 일을 내가 행하는 것이다. 하늘이 바라는 일을 내가 하면 하늘 역시 내가 바라는 일을 해준다.

이어서 묵자는 귀신의 존재를 옹호한다. 물론 귀신 이야기를 당시의 지식인들도 곧이듣지는 않았을 것이다. 그런데 자신의 말을 무시하는 지식인들을 향해 묵자는 이렇게 말한다. "옛날에 무왕(武王)이 은나라를 공격하여 주왕(紂王)을 징벌했을 때, 제후들에게 제사를 지내게 했다. 만약 귀신이 없다면 무왕이 무엇 때문에 제사를 지내도록 했겠는가?"

그렇다. 제사란 귀신이 없다면 무용한 일이다. 귀신의 존재를 부정하면서 제사는 진중하게 지내야 한다고 말한다면 이것이야말로 위선이다. 만약 귀신이 존재하지 않는다면 제사는 술과 젯밥 등의 재물을 도랑에 쏟아버리는 것과 진배없다. 유가의 모순을 묵자는 이렇게 지적했다. "귀신은 없지만 군자는 제사 지내는 법을 배워야 한다고 공자의 제자들은 말한다. 귀신이 없다고 주장하면서 제사의 예를 배우라는 것은 마치 손님이 없는데도 손님 접대의 예를 배우라는 것과 무엇이 다른가?"

여기서 묵자는 공자의 제자들을 상대로 공자와 대리전을 치르고 있다. 귀신이 없다고? 그럼 제사는 왜 지내? 고백하자면 나도 묘 앞에서 왜 절을 해야 하는지 그 이유를 몰라 답답한 적이 있었다. 20대의 일이었다. 그때 산소에 가서 절을 올렸던 것은 그렇게 하지 않으면 후레자식이라고 욕을 얻어먹을 것 같아서였다. 돌아가신 부모님께 드리는 제사는 의미 있는 의식이지만 조상귀신을 불러 밥을 먹고 가도록 젓가락을 도닥이는 것은 아무리 생각해도 미신이 아닌가? 조상귀신에게 올린 그 절은 마음이 없는 억지 절이었다.

묵자가 제기한 이 문제는 어쩌면 우리 삶이 안고 있는 가장 근원적인 자기모순일 것이다. 돌아가신 부모님께 제사를 드리는 것은 거부할 수 없는 우리의 전통이요, 계승해야 할 미풍양속이다. 하지만 과연 돌아가신 조상이 나를 돌봐주는 수호신이 될 수 있을까?

전통적 사유냐, 이성적 사유냐? 묵자는 아주 머나먼 고대부터 은대와 주대를 거쳐 춘추전국시대까지 계승된 제사와 귀신에 관한 전통적 사유를 대변한 인물이었고 공자는 제사의 전통을 부인하지는 않았지만 은대의 주술 문화를 거부하고 주대의 합리적 사유를 대변한 인물이었다. 묵자와 공자의 결투는 2000년의 세월이 흘러 또다시 재연된다. 이번에 결투를 제기한 사람은 머나먼 이탈리아에서 온 신부였다.

마테오 리치의 합세

때는 1500년대 말, 아득한 옛날 송나라의 묵자를 지원사격하기 위해 이탈리아 신부가 중국을 방문했다. 이 사람은 간첩이었다. 기독교 세계가 유교 세계에 파견한 고정 간첩. 그의 본명은 마테오 리치(Matteo Ricci)였고 중국에서 사용한 이름은 이마두(利瑪竇)였다. 병자호란 때 인질로 끌려간 소현세자가 베이징의 천주교 성당을 구경했던 것과 다산 정약용의 형 정약종이 천주교 신도가 되었던 것은 모두 마테오 리치가 뿌린 씨앗 때문이었다.

마테오 리치는 처음에 스님의 옷을 입고 활동했으나 당시 베이징에서 스님의 사회적 지위가 별 볼일 없다는 것을 알고는 옷을 갈아입는다. 중국에서 영향력을 행사하려면 뭐니 뭐니 해도 관료들에게 접근해야 했다. 그리하여 마테오 리치는 유가 선비의 복장으로 갈아입었다. 대단한 사람이었다. 그는 《논어》, 《맹자》, 《대학》, 《중용》, 이른바 유교 사서(四書)를 라틴어로 번역하고, 이어서 가톨릭의 교리를 한문으로 소개하는 책을 쓴다. 1603년 그 유명한 《천주실의》가 집필된 것이다. 조선의 천주교회 성립에 결정적 영향을 미친 《천주실의》는 가톨릭 교리와 유교를 비교·고찰한 매우 중요한 문헌이다.

마테오 리치는 하느님을 유교 경서에 나오는 상제 개념을 통해 설명했다. 특히 유교 경전에 근거해 상제와 귀신을 논증했기 때문에 중국의 지식인들은 아주 당혹스러웠을 것이다. 그럼 말도 많고 탈도 많았던 《천주실의》 속으로 직접 들어가 보자.

서양의 천주를 중국 말로 하면 상제입니다. 《시경》은 말합니다. "쉬지 않고 노력하는 무왕이여, 상제가 그를 왕으로 부르셨다." 또 《시경》은 말합니다. "문왕께서는 밝은 덕으로 상제를 섬기셨네."

지금 마테오 리치가 열거하는 상제의 사례는 모두 《시경》, 《예기》, 《서경》에서 따온 것들이다. 중국의 유가들이 경전으로 숭배하는 오경 말이다. 은나라의 탕왕이나 주나라의 문왕과 무왕은 모두 중국의 성현들이 아닌가? 서양의 하느님은 중국의 고대 성현들이 경모했던 상제와 같은 개념이라고 말하는 서양 신부 앞에서 중국 선비들은 얼마나 난처했을까? "우리 유가는 하느님 같은 거 몰라요"라고 말했더니 마테오 리치가 "당신들, 유가 맞아? 탕왕과 문왕과 무왕의 후예 맞아?"라고 쏘아붙일 경우 뭐라고 대답해야 한단 말인가?

이어 논쟁의 제2탄이 펼쳐지니 귀신 논쟁이 바로 그것이다. 유가의 비조인 공자가 "귀신은 공경하되 멀리하라"라고 말했으니 유가라면 귀신 따위는 신경 쓰지 않는다고 말해야 옳다. 그러나 마테오 리치는 말한다. 아주 조심스럽게, 아주 겸손하게, 아주 차분하게.

저는 중국의 옛날 경서를 두루 살펴보았는데 귀신에 대한 제사는 천자와 제후의 중요한 임무였습니다. "나는 많은 재능과 재주로 귀신을 섬길 수 있다"라고 《상서》에서 주공은 말했습니다. 《시경》에서는 "문왕의 혼이 하늘 위에 계시니, 아! 하늘에서 밝으시도다"라고 말했습니다.

진인사 대천명

하, 은, 주의 중국 고대 문화에 대해 김충열 교수는 이렇게 강의한 바 있다. "하나라는 자연을 숭상했고, 은나라는 조상신을 숭배했으며, 주나라는 예를 숭상했다. 노자는 하나라의 소박한 자연주의에 뿌리를 두었고, 묵자는 은나라의 허탄한 종교 미신에 뿌리를 두었으며, 공자는 주나라의 인문주의에 뿌리를 두었다고 할 수 있다." 거북 껍데기를 구워 점을 치던 은나라의 문화가 신중심의 주술 문화라면 주나라의 문화는 인간중심의 합리적 문화였다.

괴력난신(怪力亂神)! 불가사의하고 괴이한 일에 대해 공자가 말하지 않은 것은 그의 사유가 합리적이었기 때문이다. 하지만 공자는 귀신의 존재를 정면으로 부정하지는 않았다. 전통은 삶의 토대다. 합리적이든 비합리적이든 전통을 무시하고 살 수는 없다. 그래서 공자는 "귀신을 공경하지만 귀신을 멀리하라"고 말한 것이다. 온통 귀신 타령인 고대 사회에서 귀신을 부정하는 발언을 정면으로 할 수는 없었으리라.

"아는 것을 안다고 말하고 모르는 것을 모른다고 말하는 것, 이것이 아는 것"이라고 말한 자술 그대로 공자는 남을 속일 줄 모르는 매우 솔직한 사람이었다. "삶에 대한 것도 모르는데, 어찌 죽음에 대해 알겠는가?"라고 말한 자술 그대로 공자는 허식을 모르는 매우 진솔한 사람이었다. 그러면 물어보자. "공자 할아버지, 할아버지가 품은 '천(天)'은 무엇이어요?"

고대의 중국인들에게 상제란 지상을 다스리는 초월적 지배자였다. 날씨는 농사의 풍흉을 좌우한다. 날씨는 물론이고 인간의 행운과 재앙, 심지어 인간의 생사여탈권까지 쥐고 흔드는 존재가 상제였다. 아무나 상제에게 제사를 지낼 수 없었다. 제후들은 산천의 신에게만 제사를 드릴 수 있고, 일반 백성들은 자신의 조상신에게만 제를 드릴 수 있다. 상제에게 제사를 드릴 수 있는 자는 오직 천자뿐이었다. 그래서 베이징에 천단(天壇)이 있는 것이다.

천자는 상제에게 제사를 드리고 상제의 뜻을 하달받아 천하를 통치하는 권한을 확보한다. 상제의 뜻을 아는 방법이 무엇이냐? 그것이 점이다. 현존하는 10만여 편(片)의 갑골문(甲骨文)은 모두 상제의 뜻을 묻는 점을 치고 그것을 기록한 복사(卜辭)들이다. 은나라 정치는 점술 정치였다.

이 은나라를 타도하고 등장한 나라가 주나라다. 주나라의 창건자들은 왜 상제의 뜻이 은나라의 천자로부터 떠났는가라는 물음에 직면한다. 이렇게 답했다. '하늘의 뜻을 부여받은 천자라 할지라도 덕을 잃으면 하늘의 뜻이 떠난다.' 덕은 백성을 보살피는 통치자의 도덕적 행위다. 하늘의 뜻에 의해 모든 것이 예정되어 있다는 종교적, 운명론적 사고 대신에 인간의 행위에 의해 역사는 만들어지는 것이라는 합리적, 주체적 사고가 등장한다. 이것이 유가 사상의 역사적 배경이다.

유가는 상제 대신 '천'이라는 용어를 사용했고 '상제의 뜻'을 '천명'이라는 추상적 개념으로 대체했다. 이제 하늘은 변덕스럽게 인간사에 개입하는 것을 그만둔다. 이제 왕이라고 해서 함부로 백성을 핍박하면 왕에게서 천명이 떠난다.

공자의 '천'은 인간의 도덕적 근거로서 천이다. '천'은 사람에게 아무런 보장을 해주지 않는다. 인간의 역사를 움직이는 것은 인간의 행위다. '먼저 인간의 할 일을 다하고(盡人事), 하늘의 뜻을 맞이하라(待天命).'

상제의 뜻을 천명으로 바꾼 공자, 인간의 합리적 사유를 중시한 공자, 그리하여 지난 2500년 동안 인본주의적 사유를 가능하게 만들었던 공자. 하지만 정작 자신의 삶은 불우했다. '상갓집 개' 신세로 천하를 떠돌다 귀향한 이 아니던가?

우리는 왜 이 모양이 된 것이냐
———

　　공자 일당이 포위를 당해 곤욕을 치른 적이 있었다. 광(匡) 땅
에 갔을 때 일이다. 생사가 오가는 위기였고 식량마저 떨어졌다. 그런데
공자가 아무 일도 없다는 듯이 강의를 하고 책을 읽으니 제자들은 화가
났다. 그러자 공자가 묻는다.

> "자로야, 《시경》에 이르기를 코뿔소도 아니고 호랑이도 아닌 것이
> 들판에서 헤매고 있다고 했는데, 우리는 왜 이 모양 이 꼴이 된 걸
> 까?"
> "아, 그야 우리가 어질지 못하고 똑똑하지 못해서 그런 거지요."

다음엔 자공을 불러 똑같이 물었다. 그러자 자공이 말한다.

> "선생님의 도가 너무 커서 천하 어디에서도 받아들이지 못하는 것
> 이 아닐까 합니다. 조금만 낮추시지요."

　　세상이 공자의 이상을 받아줄 수 없다면 공자는 숨어야 마땅하다. 제
자들에게는 그렇게 가르쳤건만 정작 공자 자신은 은자의 길로 갈 수가

없었나 보다. 다시 《논어》를 펴자. 장저(長沮)와 걸닉(桀溺)이 나란히 밭을 갈고 있었는데, 그곳을 공자가 지나갔다. 공자는 자로에게 나루터를 물어보게 했다. 걸닉이 말했다.

"온 천하가 흙탕물에 떠밀리고 있소. 이를 누가 바꿀 수 있겠소? 당신들도 세상을 피해 사는 것이 낫지 않겠소?"

걸닉은 고무래질을 계속했다. 자로는 공자에게 가서 이 이야기를 전했다. 공자는 크게 한탄하면서 말했다.

"새와 짐승은 더불어 살 수가 없거늘 내가 사람들과 함께 살지 않고 누구와 더불어 살겠느냐?"

공자의 일생을 한마디로 정리한다면 '안 되는 줄 알면서도 이상의 실천을 포기하지 않은 이'라고 할 수 있을 것이다. 다음 〈헌문〉 편의 일화가 이를 웅변한다.

자로가 석문에 머물렀다. 문지기가 물었다.
"어디에서 오셨나요?"
자로가 말했다.
"공자의 제자입니다."
문지기가 말했다.

지기불가위이위지(知其不可爲而爲之), 안 되는 줄 알면서 굳이 한다. 왜 공자는 자신의 뜻을 실현할 수 없었을까? 제자들은 스승의 도가 너무 커서 그런 것이라 말한다. 그런데 공자는 임종을 앞두고 제자에게 자신의 핏줄을 고백한다. 공자의 지기불가위는 혹시 이와 관련되었던 것은 아닐까?

죽음을 예견했던 공자는 이른 새벽에 일어나 뒷짐을 지고 노래를 부른다. "태산이 무너지려나? 대들보가 내려앉으려나? 철인이 죽으려나?" 공자가 노래를 마치고 들어가 집 안에 자리를 잡고 앉자 자공이 말했다. "태산이 무너진다면 저는 장차 무엇을 우러러보아야 합니까? 대들보가 내려앉는다면 저는 장차 어디에 기대야 합니까? 철인이 떠나면 저는 장차 누구를 본받는단 말입니까? 선생님께서 혹 병환이 있으신 겁니까?" 공자는 탄식하며 이렇게 말했다.

"사(賜, 자공의 이름)야! 나는 은나라의 후손이다."

그리고 몸져누웠다가 이레 만에 세상을 떠났다. 그때 그의 나이 72세였다.

후기: 주의 무왕은 은나라를 멸하면서 조상의 제사를 잇도록 은의 유민들에게 조그만 땅을 떼어주는데, 그 나라가 송나라다. 은나라의

본래 이름은 상(商)이었는데, 은나라가 망하고 그 유민들은 천하를 떠돌면서 장사를 하며 살았다고 한다. 그래서 오늘날에도 물건을 매매하며 생업을 이어가는 사람을 상인(商人)이라 부르는 것이다.

《묵자(墨子)》

기원전 5세기경 활동한 묵자(묵적)와 그 후학들인 묵가(墨家)의 저작 총집. 《한서(漢書)》에는 71편이라고 기록되어 있지만 현존하는 것은 53편이다. 공자는 주나라의 봉건제도를 이상으로 삼은 반면 묵자는 주나라의 귀족주의적인 문물을 일관되게 비판했다. 묵자는 인간을 차별하는 것은 그릇된 짓이라면서 겸상애 교상리(兼相愛 交相利), 즉 서로 사랑하고 함께 이익을 나눌 것을 주창했다.

이외에도 《묵자》에는 수성(守成) 위주의 전투적 비공론, 방어술, 축성술 등 춘추전국시대의 다른 학파에서는 찾아보기 힘든 전투적 평화주의 사상이 담겨 있다. 특히 인식론과 논리학에 대한 내용이 담겨 있어 중국 고대 논리학사의 진귀한 문헌으로 평가받는다.

Chapter 6

모이를 거부하는
새가 창공을 가른다

장자
莊子

아내의 죽음 앞에서 흥겹게 노래를 부른 기인 장자. 사람들은 온갖 기행을 일삼은 장자를 두고 세상을 도피하여 숨은 은자라고 오해한다. 여전히 오해는 계속되고 있다. 이제 그만 오해를 끝내고 싶다면 장자에 대한 모든 기억을 멈추고 그냥《장자》를 펼치자. 바람의 천변만화를 읽어내고 대붕이 하늘을 나는 깊은 뜻을 파헤치는 그 놀라운 사유 앞에 마주 서라.

시비를 다툴 때에는 맹렬하고 승리를 위해서는 집요하게 매달려도 꿈을 이루기는 어려운 우리 인생에 장자는 어떤 이야기를 들려줄까? 가장 문학적인 철학책이자 가장 철학적인 문학책인《장자》의 세계로 들어가 보자.

장자의 아내가 죽자 혜자(惠子)가 조문을 왔다. 장자는 질동이를 두들기면서 노래를 부르고 있었다. "아내가 죽었는데 노래를 부르다니 좀 심하지 않소?"라고 혜자가 묻자 장자는 대답했다. "아내가 막 죽었을 때는 나도 가슴이 미어지는 것만 같았소. 그런데 가만히 생각해보니 아내의 생명은 본디 없었던 것이었소. 생명도 없었고, 형체도 없었고, 기(氣)도 없었던 것이오. 지금 아내는 천지라는 거대한 방에 편안히 잠들고 있소. 내가 어찌 통곡하겠소?"

장자는 염세주의자였던가

———

과문한 탓이겠지만 아마도 고전 《장자》를 한국인에게 자신의 목소리로 전파한 선구적 인물이 바로 함석헌 선생이 아닌가 싶다. 내가 '장자'라는 이름을 기억하게 된 최초의 계기 역시 〈씨알의 소리〉였다.

때는 엄혹한 시기였다. 박정희 독재 정권은 젊은이들에게 물고문, 전기고문 등 갖은 극형을 가해 받아낸 억지 진술서를 가지고 '인민혁명당'이라는 올가미를 씌웠다. 사형 선고가 내려진 지 하루 만에 여덟 명의 젊은이가 형장의 이슬로 사라졌다. 우리는 숨죽여 흐느꼈다.

함석헌 선생이 우리에게 《장자》를 읽어주었던 시기가 바로 이런 때였다. 세계에 대해 왕성한 호기심을 가졌던 그 시절 함 선생의 장자 사랑을 나는 이해할 수 없었다. 아니, 약간은 불만스러웠다.

대학에 들어가 다시 《장자》를 읽어보았다. 그때도 나는 이해할 수 없었다. 세상을 대하는 장자의 태도가 너무 초월적이지 않은가. 장주(莊周)가 나비가 된 꿈을 꾼 것인지, 나비가 장주가 된 꿈을 꾼 것인지 다시 생각해보자는 호접몽(胡蝶夢)의 이야기는 참으로 통쾌한 반전이지만 세상을 한낱 꿈이라고 보는 것은 현실에 대한 무책임한 태도가 아닌가? 가난한 농민의 아들딸들이 도시로 올라와 쥐꼬리만 한 임금을 받으며 혹독한 노동에 시달리는 현실이었다. 명색이 진리를 탐구한다는 대학생이 자신의 역사적 사명을 버리고 노장(老莊)의 은일을 노래한다는 것은 부끄러운 일이 아닐까?

부인의 죽음 앞에서 질동이를 두드리며 잘 죽었다고 노래하는 장주의 태도는 아무리 생각해봐도 인륜을 저버린 기행이었다. 독재자가 국민의 기본권마저 유린하는 시대에 젊은이로서 장자의 초탈을 넙죽 받아들이기는 좀 힘들었다. 장주가 세상을 냉소했던 만큼 나 역시 장자에 대해 거리를 둘 수밖에 없었다.

이후 오랜 세월 나는 세상의 변경을 떠돌았다. 경찰서 유치장에서 꽁보리밥도 먹었고 육군 헌병대 영창에서 무말랭이도 씹었다. 논산 훈련소에서 개처럼 짓밟히기도 했고 보안대 지하실에 끌려가기도 했다. 혹독한 곳은 인천의 경동산업 공장이었다. 하루 12시간 일하는 것은 기본이고 새벽 4시 철야 작업까지 시켰다. 이후 또 오랜 시일 경찰에 쫓기는

몸이 되었다. 장자처럼 세상 밖을 떠돌았다.

　이제 와서 《장자》를 다시 보니 장자 역시 세상 바깥으로 나간 이였다. 사람들은 세상의 바깥에 나가 떠도는 장자를 세상을 도피하여 숨어 사는 은자라 오해한 것이다. 아, 이 일이 얼마나 힘든 것인가. 나는 장자가 겪어야 했던 삶의 외로움에 주목하고 싶다.

타고난 아웃사이더

　　장자의 이름은 주(周)이고 고향은 몽(蒙)이다. 몽은 은나라의 후예들이 살던 곳이다. '바보들의 나라'라 불리던 그 송나라 말이다. 장주는 기원전 365년경에 태어나 기원전 270년경에 죽은 것으로 전해진다. 평생 가난한 삶을 살았다. 젊어서 칠원(漆園)의 말단 관직을 맡은 적이 있다고 하는데, 이 일마저 때려치우고 만다.

　사마천의 《사기》에 따르면 초나라 위왕이 장자를 초빙해 재상으로 삼으려 했다는 일화가 있다. 장주의 언사가 너무 광대하고 자유분방하며 자기중심적이었다고 사마천은 전한다. 그래서 왕들은 그를 좋아하지 않았다는 것이다. 초의 위왕은 달랐다. 위왕은 장주를 재상으로 삼고자 했다. 그런데 장주는 웃으면서 사자에게 말했다.

"그대는 제물로 바쳐지는 소를 본 적이 있는가? 소는 깨끗한 천에 덮여 태묘로 끌려간다. 이때 소가 발버둥을 친다 한들 무슨 소용이 있겠는가? 어서 돌아가라. 나를 욕되게 하지 마라. 차라리 더러운 시궁창에서 사는 편이 낫다."

구정물 속에서 놀지언정 왕에게 얽매이지 않겠다는 발언 속에 장자의 진심이 들어 있다. 장자가 추구한 것은 '그 무엇에도 속박되지 않는 자유'였다. 고대의 현자들이 입으로는 아무리 좋은 말들을 뱉어대도 이 모든 언설은 결국 왕에게 고용되길 바라는 마음에서 나온 것이었다. 역성혁명을 설파한 맹자마저도 왕의 관심을 사고 싶어한 것은 마찬가지였다.

하지만 장자는 달랐다. 장자는 지배계급의 일원이 되길 거부한 진정한 자유인이었다. 이것은 쉽지 않은 일이다. 지난 조선시대에 양반들의 허위를 비웃으며 살았던 허균도 먹고살기 위해 늘 왕의 부름에 응할 수밖에 없었다. 과거 시험마저 거부해버린 박지원이었지만 부인이 병들자 하는 수 없이 관직에 나간다. 그의 나이 쉰의 일이다.

체제를 비판하는 것은 쉽다. 젊은 시절엔 누구나 한번쯤 기성세대의 타락을 질타한다. 하지만 사랑을 하고 아이를 낳게 되면 아이의 우유 값이 없어 쩔쩔맬 때가 있다. 구걸에 나서게 되는 것이다.

고대에는 왕에게 빌붙어 녹봉을 얻어야 했던 반면 현대에는 자본에 빌붙어 월급을 받는 것이 다를 뿐이다. 일부(一夫)를 베었다는 이야기는 들었어도 군주를 시해했다는 이야기를 들은 적은 없다며 입에 거품을 품고 역성혁명을 주창한 맹자. 하지만 그의 웅변도 제나라 선왕에게 준 일종의 말 봉사였다. 체제를 비판할 수는 있으나 체제로부터 자유로운 삶을 살기란 그리 쉬운 일이 아니다.

자유를 찾아

새장의 새는 편하다. 늘 주인이 모이를 주기 때문이다. 새장 밖의 새는 고달프다. 그러나 모이를 거부하는 새만이 창공을 자유로이 비상할 수 있다. 〈소요유〉 편은 허유(許由)의 이야기를 이렇게 전한다. 요 임금이 허유에게 천하를 물려주려고 했다. "선생이 천자가 된다면 천하가 더 잘 다스려질 것이오. 부디 천하를 맡아주시오." 그러자 허유가 대답했다.

"뱁새는 숲속에 집을 짓지만 나뭇가지 하나면 족하오. 두더지는 강물을 마시지만 배를 채우면 그만이오. 임금이시여, 돌아가시지요. 천하는 나에게 아무 소용이 없소."

장자는 왜 세상과의 타협을 거부했을까? 장자의 눈에 통치자들은 천하의 도둑이었다. 전국시대의 불행은 모두 통치 계급의 탐욕이 연출한 비극이었다. 〈열어구〉 편은 다음과 같은 이야기를 전한다. 송나라에 조상(曹商)이라는 사람이 있었다. 송나라 왕은 조상을 진나라에 사신으로 파견했는데, 조상은 돌아올 때 수레 100대를 몰고 왔다. 외교를 잘한 공로로 진나라 왕에게 하사받은 것이다. 돌아오는 길에 장자에게 들러 자랑했다.

"저는 답답한 촌구석에서 궁상맞게 짚신이나 삼는 일은 못합니다. 큰 나라의 군주를 만나 크게 깨우쳐주는 일이 나에게 맞습니다. 말 몇 마디로 수레 100대를 얻는 일에는 나를 따를 사람이 없지요."

장자가 대꾸했다. "진나라 왕은 고름을 입으로 빠는 의원에게 한 대의 수레를 주고, 똥구멍을 입으로 핥는 의원에게 다섯 대의 수레를 준다더군요. 그대는 왕을 어떻게 빨았기에 그토록 많은 수레를 얻었소? 가시오."

하지만 타협을 거부하는 삶은 고달프다. 말이 은일의 삶이지 까놓고 말하면 초막에 은거한 거지의 삶이었다. 〈산목〉 편에는 이런 이야기가 있다. 한번은 장자가 해진 옷을 입고 위나라 왕을 찾아갔다. 위나라 왕이 장자를 보고 물었다. "어찌하여 이렇게 피폐해졌소?"

장자는 답했다. "나는 가난할 뿐이지 피폐해진 것이 아니오. 선비가 도덕을 실천하지 못하는 것을 피폐해졌다고 하오. 해진 옷을 입고 구멍 난 신발을 신은 것은 가난한 것일 뿐이오."

젊은 시절 칠원의 관리를 지냈기 때문인가. 《장자》에는 나무 이야기가 많이 나온다. 〈소요유〉 편에는 가죽나무가 등장한다. 몸통이 울퉁불퉁하고 뒤틀려서 먹줄을 칠 수도 없고 작은 가지들은 비비 꼬여 자를 댈 수도 없다. 그래서 길가에 있어도 목수들이 거들떠보지도 않는다. 장자는 가죽나무를 칭송하며 '쓸모없음의 유익함'을 강조한다. 쓸모가 없기에 도끼에 찍히는 일이 없다. 세월이 흘러 거목이 되면 사람들은 그 아래에 편히 누워 쉰다. 지금 장자는 초야에 묻혀 사는 자신의 삶을 나무에 빗대어 풀이하고 있음이 분명하다. 쓸모없는 사람이 되라!

공자와 그의 제자들이 고대 중국의 관료 시스템 안에 편입되길 희망했다면 장자는 그 시스템을 비웃으며 바깥으로 나가버린 이였다. 그렇기에 그의 문학은 자유롭다. 상식을 뒤엎는 위대한 전복은 이 자유가 있었기에 가능했다. 노자의 《도덕경》만 하더라도 81편 장구의 도처에 왕과 제후의 입맛에 맞는 교설이 즐비하다.

그러나 장자는 높으신 양반네들의 눈치를 보지 않는다. 《성경》의 복음서가 세상의 낮은 곳에 사는 사람들의 이야기이듯, 《장자》도 이 세상에서 가장 낮은 곳에 사는 떨거지들의 문학이다. 《도덕경》은 단정하고 우아하지만 《장자》는 이것마저도 버린다.

동곽자(東郭子)가 장자에게 물었다.
"도가 어디에 있습니까?"
장자가 말했다.
"도가 별건가. 어디에나 있소."
동곽자가 다시 물었다.

"어디라고 꼭 짚어서 말할 수는 없습니까?"

"도는 땅강아지와 개미에게도 있소."

"어찌 그리 하찮은 것에게 있습니까?"

"아니, 똥과 오줌에도 있소."

동곽자는 더 이상 대꾸하지 않았다.

형벌로 발목을 잘린 이들의 이야기

———

　　장자가 살았던 전국시대 중엽은 역사적 변혁기였다. 철제 농기구가 확대되었고, 우경(牛耕)이 확산되었으며, 관개 기술이 발전했다. 농업 생산력이 크게 향상되었고, 수공업과 상업도 발전했다. 그리고 대도시가 생겨났다. 제나라의 임치(臨淄), 조나라의 한단(邯鄲), 위나라의 대량(大梁)은 모두 당시의 유명한 대도시다. 그중 제나라의 임치는 가장 선진적인 대도시였다. 임치의 도로에서는 수레바퀴가 서로 충돌하고 길 가는 사람들의 어깨가 서로 부딪힐 정도로 인구가 번성했다고 한다.

　　동시에 전국시대는 전란의 시기였다. 《맹자》에 따르면 전쟁에서 죽은 사람들의 피가 강을 이루었고 해골이 산을 만들었다. 적의 군대는 들판의 곡식을 짓밟았고, 성곽을 부수었으며, 해자를 묻어버렸다. 전쟁에 징발된 농민들은 봄에도 씨앗을 뿌릴 수 없었고 가을에도 수확할 수 없어서 얼어 죽고 굶어 죽기 일쑤였다.

　　누구를 위한 전쟁이었던가? 전쟁은 통치자들의 사리사욕을 채우기 위한 것이었고 죽어나는 것은 백성이었다. 복음서에는 문둥병자, 장님, 정신착란자, 앉은뱅이, 창녀가 예수의 벗으로 출연하는데, 《장자》에도 장애인들이 많이 등장한다. 보자.

노나라의 왕태(王駘)는 발 하나가 잘린 사람이었다. 발을 왜 잘렸나? 형벌로 잘렸단다. 전국시대의 형벌은 가혹했으며, 그 종류도 다양했다. 참(斬), 부(剖), 이(胹), 미(靡), 환(轘), 팽(烹), 강(剛), 칠(漆), 곤(髡), 빈(臏) 등 뜻도 다 알 수 없는 다종다양한 형벌이 시행되었다. 왕태는 잘린 발만 봐도 이가 갈렸을 것이다. 신도가(申徒嘉)도 형벌로 발이 잘린 사람이고, 숙산무지(叔山無趾) 역시 마찬가지다.

애태타(哀駘它)는 낙타처럼 등이 굽은 꼽추였다. 그의 못생긴 모습은 세상을 놀라게 할 정도였다. 그런데 남자들은 애태타를 한 번 만나면 떨어질 줄을 모르고 여자들은 모두 그의 첩이라도 되고 싶어했다고 한다. 인기지리무신(闉跂支離無脈)이라는 장애인은 입은 언청이요, 등은 꼽추이고, 발은 절름발이다. 위나라 영공에게 유세를 했는데, 영공은 너무 흡족하여 그의 곁에 있길 바랐으며 이후엔 온전한 사람을 더 이상하게 대했다고 한다. 장애인들이야말로 온전한 덕을 갖춘 성인이었다는 것이 장자의 역설이다.

〈인간세〉 편에는 행복한 삶을 꾸려가는 장애인 지리소(支離疏)의 이야기가 나온다. 지리소는 턱이 배꼽에 가려 있고, 어깨는 정수리보다 높으며, 목에 붙은 등뼈는 하늘을 가리키고, 오장(五

사물의
본질을
보라구…

哀駘它

臟)은 위로 올라갔으며, 두 넓적다리는 겨드랑이에 이르렀다. 노트르담의 꼽추 뺨치는 괴상망측한 인물이었다. 그렇지만 옷을 깁고 빨래를 해서 먹고살았다. 키질을 해서 쌀을 고르면 열 사람이 먹고살기에 족했다. 전쟁이 일어났다. 나라에서는 장정들을 징병했다. 사람들은 징집을 피하려고 깊은 산속으로 피신했으나 지리소는 시장에서 사람들 사이를 휘저으며 다녔다. 사람들은 성을 쌓는 노역에 불려갔다. 하지만 지리소는 노역도 하지 않았다. 나라에서 장애인들에게 곡식을 내려주자 쌀과 보리와 조, 세 종류의 곡식을 다 받았고 장작 열 다발을 더 받았다. 지리소는 천수를 누렸다.

미인이 나타나면 숨는다

《장자》의 정수는 역시 〈제물론〉이다.

고라니는 사슴과 놀고 미꾸라지는 물고기와 논다. 사람들은 모장(毛嬙)과 여희(麗姬)가 아름답다고 하지만 모장과 여희가 나타나면 물고기는 물속 깊이 숨고 사슴은 다급하게 도망간다. 물고기와 사슴이 어찌 모장과 여희의 아름다움을 알 것이냐?

장자는 지금 인간중심주의의 어리석음을 비웃고 있다. 천하의 미색인 모장과 여희가 나타나도 물고기는 도리어 숨어버리고 사슴은 달아난다.

장자는 인간의 눈으로만 세계를 볼 것이 아니라 물고기의 눈으로도 사슴의 눈으로도 세계를 볼 것을 요청하고 있다. 타자의 입장을 존중하라. 만인의 평등을 넘어 만물의 평등을 제창하는 장자, 그는 속 좁은 인간 중심주의를 이미 2000년 전에 보았던 것일까?

하늘의 퉁소, 천뢰

하루는 남곽자기(南郭子綦)가 책상에 기대앉아 하늘을 우러러보며 길게 숨을 내쉬었다. 그 모습이 멍하여 자기의 몸을 잊어버린 것 같았다. 제자가 물었다. "선생님, 오늘 책상에 기대신 모습이 예전과 다릅니다."

남곽자기가 답했다. "지금 나는 나를 잊어버렸다(吾喪我). 너는 사람의 퉁소(人籟) 소리는 들었겠으나 땅의 퉁소(地籟) 소리를 들어보지 못했을 것이다. 또 땅의 퉁소 소리를 들었다 해도 하늘의 퉁소(天籟) 소리를 듣지 못했을 것이다."

대지가 숨 쉬는 것을 바람이라 한다. 평소에는 바람이 불지 않지만 한번 바람이 불게 되면 온갖 구멍이 노한 듯 소리를 낸다. 저 깊은 산속 나무의 구멍들은 코 같기도 하고, 입술 같기도 하고, 귀 같기도 하고, 됫박 같기도 하고, 술잔 같기도 하고, 절구 같기도 하고, 깊은 웅덩이 같기도 하고, 얕은 웅덩이 같기도 하다. 바람이 불면 온갖 구멍들이 소리를 낸다. 거칠게 물 흐르는 소리, 화살 날아가는 소리, 나직이 꾸짖는 소리, 숨을 들이켜는 소리, 외치는 소리, 울부짖는 소리, 웅웅 울리는 소리, 가냘픈 새 울음소리를 낸다. 바람이 잦아들면 온갖 구멍이 고요해진다.

이것이 땅의 퉁소 소리다. 대단하다. 아마도 《장자》만큼 바람의 천변 만화를 생동감 있게 표현한 글은 없을 것이다. 이런 대목에서는 우리도 논리적 사유를 멈추어야 한다. 바람의 울부짖는 소리를 떠올리며 그만 멍해져야 한다.

이어 제자는 남곽자기에게 천뢰가 무엇이냐고 묻는다. 남곽자기는 제자의 물음에 답을 하지 않고 같은 질문을 되묻는다. "나무 구멍에서 나는 소리가 지뢰의 소리라면 나무 구멍에서 사나운 소리를 나게 하는 자는 누구일까?"

천뢰란 무엇일까? 뭐지? 바람 소리만 웡웡거릴 뿐, 한동안 아무 생각이 떠오르지 않는다. 지뢰가 사물의 현상이라면 천뢰란 사물의 현상, 그 배후에 있는 본질을 지칭하는 것인가? 지뢰가 개별자들로 구성된 상대의 세계라면 천뢰란 이 상대의 세계를 넘어서 존재하는 절대 보편자의 세계를 지칭하는 것인가?

천뢰가 무엇이냐는 물음 속으로 우리를 이끌고 간 장자, 정작 그는 아무 말이 없다. 한마디 단서도 남기지 않은 채 홀연히 사라진다.

포정의 소 잡는 이야기

———

　　《장자》의 매력은 철학을 문학으로 풀어가는 데 있다. 《장자》가 없었다면 '소 해체 작업의 달인' 포정(庖丁)의 이야기를 들을 수 없었을 것이다. 《장자》의 이야기가 너무 초월적이어서 불만인 독자들에게 포정의 이야기를 권한다. '그래, 진정한 초월은 이런 것이야.'

　포정이라는 훌륭한 요리사가 살았다. 포정은 문혜군(文惠君)을 위해 소를 잡았다. 문혜군은 맹자에게 뺨을 맞은 양혜왕의 다른 호칭이다. 포정이 소를 잡을 때는 손을 갖다 대고 어깨를 기울이며 발로 디디고 무릎을 굽혔다. 쓱쓱 칼질하는 소리가 모두 음률에 맞았다. 문혜군이 그걸 보고 감탄했다. "참으로 잘도 하는구나. 이렇게 재주가 뛰어날 수 있단 말이냐?" 포정이 칼을 내려놓고 대답했다.

"저는 다만 도를 생각할 뿐이옵니다. 도는 재주를 넘어선 것이지요. 제가 처음에 소를 잡았을 때에는 소의 모습만 눈에 보였습니다. 지금은 소를 눈으로 보지 않고 마음으로 대합니다. 눈으로 보지 않고 마음 가는 대로만 칼을 움직입니다. 고깃결을 따라가다가 고기 사이의 틈바귀가 있으면 거기에 칼을 밀어 넣습니다. 무리하게 소의 뼈에 칼을 대지 않습니다. 뼈마디에는 틈새가 있으나 칼날에는 두께가 없습니다. 두께가 없는 칼을 뼈의 틈새에 넣으니 칼이 여유롭게 움직이는 겁니다. 하지만 살과 뼈가 엉킨 곳은 저도 어려워 두렵습니다. 그런 곳을 만나면 정신을 집중합니다. 손을 천천히 움직이면서 아주 미묘하게 칼질을 합니다. 그러면 뼈와 살이 툭하고 갈라지는데 마치 흙덩이가 땅에 떨어지는 소리 같습니다. 칼을 들고 일어서서 사방을 둘러보지요. 잠시 머뭇거리다가 칼을 닦고 마무리를 합지요."

대붕의 우화

《장자》가 연출하는 장관 중 으뜸은 역시 대붕의 우화다. 생각의 규모가 웅장하고 상상력이 기발하다. "붕이 남명(南冥)으로 옮길 때 물은 삼천 리를 치고 회오리바람을 두드리며 구만 리 하늘에 오르는데 일단 날면 여섯 달을 난 뒤에야 한 숨을 쉰다." 이 장대한 스케일을 보라! 대붕과 함께 남명으로 날아갈까.

북쪽 끝 바다 어두운 곳에 물고기가 있다. 이름을 곤(鯤)이라 한다. 곤은 그 크기가 몇천 리나 되는지 알 수 없다. 곤이 변하여 새가 되면 그 이름을 붕(鵬)이라 한다. 이 붕의 등도 몇천 리나 되는지 알 수 없다. 성이 나서 날면 그 날개는 하늘에 드리운 구름과 같다. 이 새는 바다가 거칠게 움직일 때 남명으로 날아간다. 남명이란 천지(天池)를 말한다.
제해(齊諧)는 기이한 일들을 아는 자다. 제해는 말한다. 붕이 남명으로 옮길 때 물은 삼천 리를 치고 회오리바람을 타고 구만 리 하늘로 오른다. 한번 날면 여섯 달을 난 뒤 숨을 쉰다.

무릇 물이 얕으면 큰 배를 띄울 수 없다. 한 잔의 물을 뜰의 움푹한 곳에 쏟으면 티끌은 뜨겠지만 거기에 잔을 놓으면 땅에 닿고 만다. 마찬가지로 바람이 강하게 일지 않으면 대붕의 큰 날개를 실을 수 없다. 매미와 메추라기는 대붕의 모습을 보고 이렇게 비웃었다.

"우리는 힘차게 날아올라도 느릅나무나 박달나무에 머무르는 것이 고작이다. 때로는 땅바닥에 나가떨어지는 일도 있다. 그렇건만 저 대붕은 어찌하여 구만 리 하늘에 올라 남쪽으로 가는가."

대붕의 우화는 뭘까? 돈깨나 있고 방귀깨나 뀌는 놈들이 돈 없고 힘 없는 사람들을 억압하며 괴롭히는 것이 인간의 역사다. 지금도 가진 자들은 민중을 '개 돼지'라며 경멸한다. 그런데 민초들은 역설적으로 그런 권력자를 부러워한다. 깡패가 검사를 부러워하고, 무지렁이 농부는 경찰서장을 부러워하며, 구멍가게 아저씨는 재벌을 부러워한다. 여기서 장자는 돈 많고 힘깨나 쓰는 자들을 비웃어버린다. '너희가 힘깨나 쓴다고 목에 힘주고 다니지만 하루살이와 다를 게 뭐지? 허, 너희들이 대붕의 뜻을 알아?'

대붕의 우화를 또 다른 시각에서 해석할 수도 있다. 대붕은 인간이 상상할 수 있는 가장 웅대한 존재요, 매미와 메추라기는 현실에서 아주 미미한 존재다. 하늘에서 부여받은 품성대로 살자. 각자의 본성에 자족하자. 크고 작은 차이가 있을지언정 만물은 똑같다.

족함을 알면 부끄러운 일을 당하지 않고(知足不辱), 멈출 줄 알면 위태롭지 않다(知止不殆).

또 다른 시각에서 해석할 수도 있다. 사람들은 잠에서 깨어나 다시 잠들 때까지 온종일 이익만을 생각한다. 자신의 부와 권력과 명예가 얼마나 증대하고 있는지 셈한다. 그렇지 않은가? 장자는 사익에 집착하며 사는 소시민을 매미와 메추라기에 비유하고 있는 것이다. 사욕의 세계, 탐욕의 세계, 무명의 세계를 떠나자. 저 멀리 남쪽 끝 무욕의 나라로 가자.

가자, 남명으로!

출세를 버리고 초야에 묻혀 처사의 길을 간 선비가 있었다. 나이 예순한 살에 지리산 덕산 마을, 맑은 시냇가에 터를 잡은 이 사람은 남명 조식이다. 봄 산 어느 곳엔들 향기로운 풀이 없겠느냐마는 굳이 이 깊은 산골로 들어온 것은 하늘에 가까운 천왕봉을 사랑한 까닭이었단다. 맨손으로 들어와서 무얼 먹고 살아? 은하수같이 맑은 물을 마시며 살지. 조식의 호가 '남명'인 것은 이 때문이다.

성리학이 선비들의 의식을 송두리째 지배하던 엄혹한 시절, 장자의 유토피아 남명을 자신의 호로 새긴 데에는 그만이 다짐한 깊은 뜻이 있었을 것이다. 장자가 그리워하던 곳은 지리산 어느 깊은 동네에 있었나 보다.

"지금까지 살아온 60년은 하늘이 빌려주었고 구름 낀 앞산은 땅이 빌려주었지. 길이 다하면 또다시 길이 있으니 그윽한 오솔길 고사리 캐어 돌아온다"라며 남명 조식은 은일의 삶을 노래했다.

이런 조식에게도 눈과 귀를 즐겁게 해주는 봄 소풍이 있었나 보다. 그가 남긴 〈두류산 유람록(遊頭流錄)〉(두류산은 지리산의 다른 이름)은 꼭 읽어봐야 할 재미있는 글이다. 16세기 조선 선비들의 세태를 진솔하게 전한다.

18일 산길이 비에 젖어 불일암에 오르지 못하고 시냇물이 불어나 신응사에 들어가지도 못했다. 19일 아침을 재촉하여 먹고 청학동으로 들어가기로 했다. 북쪽으로 오암에 올라 나무를 잡고 잔도를 타면서 나아갔다. 우석은 허리에 묶은 북을 두드리고, 천수는 긴 횡적을 불고, 두 기생이 이들을 따라가면서 대오를 이루었다. 요리사와 종들과 음식을 운반하는 사람들 수십 명이 뒤를 따랐다. 열 걸음에 한 번 쉬고 열 걸음에 아홉 번 돌아보면서 마침내 불일암에 도착했다. 바로 이곳이 세상에서 청학동이라 이르는 곳이다. 동쪽에 높고 가파르게 서서 서로 떠받치듯 찌르며 조금도 양보하지 않는 것은 향로봉이고, 서쪽에 푸른 벼랑을 깎아내어 만 길 낭떠러지로 우뚝 솟아 있는 것은 비로봉이다. 청학(靑鶴) 두세 마리가 그 바위틈에 깃들어 살면서 가끔 날아올라 빙빙 돌았다.

조선에는 지리산이 있고 지리산에는 청학동이 있다. 오는 주말에는 청학을 보러 지리산에나 갈까?

Chapter 7

철학 왕국의
혁명가

칸트
Kant

새벽 5시에 일어나 홍차를 마시고, 7시에 강의를 하며, 9시에는 집필을 한다. 오후 1시가 되면 친구들과 식사를 하고 3시가 되면 산책을 한다. 평생 칸트의 삶은 단순했다. 이런 단조로운 일상과 세계를 뒤흔든 파괴적 사상은 얼마나 기이한 대조인가! '철학에서 코페르니쿠스적 혁명'을 이룩한 칸트는 이성을 감시하고 감독하는 하나의 재판소를 설립한다. 바로 '순수이성비판'이다. 자, 그러면 칸트가 세운 법정은 인간의 영혼에 대해 어떤 판결을 내리는가?

철학의 저수지, 철학 왕국의 혁명가로 불리는 칸트. 그를 통해 종교와 과학의 대립, 신앙과 이성의 충돌, 합리론과 경험론의 오랜 싸움이 끝나고 서양철학사의 제2막이 오른다.

칸트에 대한 오해들

단순한 것, 그것이 칸트의 삶이었다. 그는 독일 북동쪽 국경의 오래된 도시 쾨니히스베르크에서 고리타분한 독신의 삶을 살았다. 칸트는 성당의 시계보다도 더 규칙적으로 일상의 임무를 수행한 것으로 유명하다. 새벽 5시에 일어나 홍차를 마시며 하루 일과를 시작하고, 7시에 강의를 하며, 9시에는 집필을 한다. 오후 1시가 되면 친구들을 초대해 식사를 하고, 3시가 되면 산책을 한다.

이 모든 일이 정해진 시각에 이루어졌다는 것은 잘 알려진 사실이다. 쾨니히스베르크의 이웃들은 칸트가 회색 코트를 입고 지팡이를 손에 든 채 문을 나서 보리수나무 길을 지날 때가 정확히 오후 3시 반임을 알았다. 그 유명한 철학자의 산책이 시작되고 있었던 것이다.

칸트라고 하면 괴팍한 철학자의 모습이 떠오른다. 하지만 칸트도 피와 살을 지닌 인간이었다. 칸트의 하루 일과 중에 가장 흥겨운 시간은 점심시간으로, 그는 주로 시민들과 환담을 나누며 식사를 했다. 칸트의 이야기는 밝고 유머와 기지가 넘치며 매력이 있었다. 사람들은 자기도 모르게 그의 이야기 속으로 빨려 들어갔다. 칸트는 지리에도 해박하여 가본 적도 없는 이탈리아의 풍광과 런던의 다리 모습까지 훤히 알고 있었다.

그는 국무대신과 귀족, 군인과 은행가 등의 집에 자주 초대되었는데, 특히 살롱의 중심이었던 카이저링크 백작 집에 자주 초대를 받았다. 재색을 겸비한 백작 부인은 칸트에게 각별한 친근함과 존경을 보냈다.

칸트도 결혼을 하려고 한 적이 있었다. 결혼이 별거냐? 칸트는 결혼을 '생식기의 상호적 사용을 위한 두 사람의 동의'라고 규정했다. 그는 구혼을 두 번 시도했다. 첫 번째는 너무 오랫동안 시간을 끌며 고민하는 바람에 여자가 더 대담한 남자와 결혼해버렸다. 그다음 두 번째로 철학자가 결혼에 예속되기로 결정하고 구혼하려고 보니 이미 여자가 쾨니히스베르크를 떠나고 없었다고 한다. 사람들은 칸트를 철학밖에 모르는 서생으로 알고 있겠지만 칸트는 여자를 좋아했고 돈도 싫어하지 않았다. 또한 내기 당구를 무척 즐긴 사람이기도 했다.

칸트는 31세에서 46세까지 무려 15년 동안 대학에서 사(私)강사로 지냈다. 당시 독일의 사강사는 대학에서 급여를 받지 않고 청강하는 학생들에게서 직접 수강료를 챙겨 생계를 이어가는 사람이었다. 요즘으로 치면 학원 강사인 셈이다.

"교수님의 강의는 항상 심원했고 유쾌했다. 박식한 탓에 자주 삼천포로 빠지곤 했지만 그 탈선은 늘 흥미진진한 것이었다." 제자 보로프스키는 이렇게 회고했다. 헤르더 역시 이렇게 회고했다. "그는 유머와 기지, 재치와 기발함이 돋보이는 화법을 구사했다. 강의는 즐거운 사교 모임과도 같았다."

칸트의 철학은 스스로 생각하는 것에 눈뜨도록 하는 것이었다. 칸트

가 개설한 강의는 논리학과 형이상학은 기본이
고 물리학과 수학까지 넘나들었다. 거기에 자
연법학과 윤리학, 자연신학을 강의했고 나중에는
자연지리학과 인간학도 강의했다. 칸트는 학생들에
게 늘 이렇게 주문했다. "철학을 배우지 말고
철학 하는 것을 배우시오. 스스로 생각하는
법을 배우시오. 자기의 두 발로 서시오."

세계시민정부

쾨니히스베르크에서 평생토록 외국 여행 한 번 떠
나지 않고 단조롭기 그지없는 삶을 살아간 한 철
학자의 머리에서 2000년 서양철학사를 뒤엎는 혁명적 아이디어가 구성
되었다. 시인 하이네는 칸트 사상의 혁명적 의의를 이렇게 정의했다.

칸트의 단조로운 일상과 세계를 뒤흔든 그의 파괴적 사상은 얼마나
기이한 대조인가! 쾨니히스베르크 시민들이 칸트가 수행한 성취의
의미를 알았더라면 그들은 망나니를 볼 때보다 더 커다란 공포를 느
꼈을 것이다. 칸트는 분명 선량한 철학 교수였다. 하지만 이마누엘
칸트, 그는 무서운 사상의 파괴자였다. 철학에서 칸트가 수행한 혁
명은 프랑스혁명에서 로베스피에르가 수행한 성취에 비견된다. 로
베스피에르는 루이 16세와 마리 앙투아네트를 처형했는데, 칸트는
신을 추방했다.

물론 칸트는 무신론자가 아니었다. 칸트는 모태에서부터 하느님을 찬

양한 독실한 기독교 신자였다. 칸트의 어머니는 아이의 손을 잡고 자연으로 나가 신의 전능을 찬미하면서 창조주에 대한 외경을 아들의 마음에 새겨주었다. 칸트는 여느 무신론자와는 차원이 달랐다. 이성의 칼을 휘둘러 신을 난도질하는 무신론자들의 수중에서 그 칼을 회수했을 뿐이다. 다시 말해서 신의 존재와 영혼의 불멸 같은 형이상학의 논제는 인간의 이성으로 취급할 수 있는 성질의 문제가 아니라고 선포한 것이다.

흄의 문제 제기

칸트의 스승은 볼프였다. 볼프는 독창적이지는 않았지만 존경받을 만한 합리론 계열의 철학자였다. 볼프의 스승인 라이프니츠는 뉴턴과 함께 미적분을 창안한 위대한 수학자였으며, '근대 철학의 아버지'라 불리는 데카르트의 제자이기도 했다. 라이프니츠 역시 합리론자였다. 여기서 데카르트, 라이프니츠, 볼프, 칸트로 이어지는 합리론에 대해 잠시 보충 설명을 하자.

합리론(rationalism)에는 넓은 의미로 사용되는 합리론과 좁은 의미로 사용되는 합리론이 있다. 먼저 넓은 의미의 합리론부터 살펴보자. 18세기 철학자들은 대부분 '계몽주의'라 불렸던 운동에 관계했고 칸트도 마찬가지였다. 계몽주의는 인류를 이끌 새로운 희망이 과학에 있다고 보았다. 계몽주의자들은 우리가 철학과 정치, 그리고 종교 문제에까지도 과학의 합리적인 태도를 사용한다면 낡은 시대의 미신과 편견을 극복하고 인류의 행복을 증대시킬 수 있을 것이라고 생각했다. 어디에서 많이 들어본 이야기다. 과학이 진보를 가져올 것이라는 희망을 이야기한 사조, 이것이 '합리론'의 넓은 의미다.

한편, 좁은 의미의 합리론은 인식상의 물음에 대한 답변이다. 우리는 진리를 어떻게 발견하는가? 감각적 경험에 의해 진리를 인식한다는 것이 경험론(empiricism)이라면 이성에 의해 진리를 발견한다는 것이 합리론이다.

칸트는 데카르트의 합리론에서 영향을 받은 동시에 흄의 경험론에서도 큰 영향을 받았다. 흄이라, 벌써부터 머리가 아프다. 흄은 베이컨, 홉스, 로크, 버클리로 이어지는 영국의 경험론을 계승하는 동시에 그것을 회의주의의 극단으로까지 밀고 나간 철학자다. 좀 괴팍한 철학자다.

하지만 흄의 극단적 회의주의가 있었기에 칸트는 합리론의 근거 없는 독단을 자각하게 되었다. 다음은 칸트의 말이다.

흄은 나를 독단의 선잠에서 깨어나도록 한 사람이었다. 그는 나의 탐구를 아주 새로운 방향으로 이끌었다. 형이상학의 역사 이래 흄의 공격보다 더 치명적인 공격은 없을 것이다.

이제 칸트는 철학의 두 극단을 거부한다. 합리론은 독단적 철학이었고 경험론은 회의적 철학이었다. 합리론은 본유관념(innate idea)과 같은 입증되지 않은 개념을 전제한 반면에 경험론은 인과율과 같은 자연과학의 근본원리마저 부정하는 회의주의로 나아갔다. 칸트는 두 철학이 모두 과학에 위배된다고 생각했다.

칸트가 도전한 것은 형이상학에 대한 흄의 공격이었다. 누구도 굳이 회의주의자가 되고 싶어하지는 않는다. 누구도 인간 정신이 객관적 실재를 인식하는 것이 불가능하다고 믿고 싶어하지는 않는다. 하지만 흄은 달랐다. 경험에 기초한 우리의 과학적 인식은 한낱 정신의 습관에 지나지 않는다는 것이다. 뭐라고? 인과율이 정신의 습관에 불과한 것이라고?

보자. 우리는 구름이 비를 내린다고 생각한다. 왜 그런 생각을 할까? 구름이 몰려오면 비가 오는 것을 이미 여러 번 보았기 때문이다. 그래서 구름을 볼 때마다 비가 올 거라는 연상을 한다는 것이다. 구름에 대한 우리의 기억이 비에 대한 우리의 기대를 야기한다는 것이다. 기억 속에 내장된 정신의 습관, 이것이 비의 인과율이다.

인과율이 하나의 습관에 지나지 않는다는 흄의 비판 앞에서 칸트는 전율했다. 형이상학의 개념들이 근거 없는 무비판적 개념들이었다는 흄의 비판을 칸트는 막아낼 재간이 없었다. 데카르트가 무너지고 있었다. 모든 것을 의심하여 명석판명의 진리만을 가지고 사유하겠노라 다짐했던 데카르트의 합리론마저도 흄에 의해 그 토대가 무너지고 있었다. 형이상학은 오랜 세월 독단의 잠에 깊이 빠져 있었다.

흄은 더 나아간다. 그는 형이상학만이 아니라 뉴턴의 물리학에 대해서도 사망 확인서를 발부했다. 모든 인식은 원인과 결과에 기초한다. 그런데 인과율은 객관적 자연법칙이 아니라 인간의 심리적 법칙에 불과하다는 것이다. 만일 흄이 옳다면 뉴턴의 과학마저 공상이 된다. 자연의 가장 내재적인 법칙마저 인간의 심리적인 기대이며, 정신의 습관일 뿐이라는 이 무서운 선언 앞에서 칸트는 떨었다. 어찌하나!

칸트, 아리스토텔레스의 실재론을 뒤엎다

칸트는 합리론과 경험론 양쪽에 모두 오류가 있었음을 발견한다. 그는 독단적인 합리론자와 회의적인 경험론자 양측에 숨겨진 동일한 전제를 찾는다. 데카르트 같은 합리론자와 흄 같은 경험론자 모두가 공통적으로 범했던 인식상의 오류, 그것은 무엇인가?

칸트에 따르면 먼저 진리에 대한 우리의 전통적 생각을 정정할 필요가 있다. 아리스토텔레스에 의하면 진리란 정신이 실재를 반영함으로써 존재의 내용을 재생하는 것이다. 이것이 아리스토텔레스의 실재론적 인식론이다. 그런데 칸트는 이 실재론적 인식론을 거부한다. 생각이 실재를 반영하는 것이 아니라 실재가 생각을 반영한다.

지금껏 인간의 인식은 인식하는 대상을 따라가야 한다고 가정해왔다. 이것이 잘못된 사유의 근원이라는 것이다. 왜 인식이 대상을 따라다녀야 하지? 인식 주체가 인식 대상을 규정하는 것은 아닐까?

'올해는 1790년'이라는 인식은 어디서 온 것이지? 본디 저 광활한 시간의 흐름에는 그 어떤 수적 규정이 없었다. 언제부턴가 인간은 시간의 특정 시점에 연도와 월과 일을 부여하기 시작했다. 지금 내가 올해를 1790년이라고 생각하는 것은 기독교의 서기력에서 온 것이다. 그렇다면 세계의 모든 질서는 인간 자신으로부터 나온 것이 아닐까? 이성의 임무는 사물의 본성을 반영하는 것이 아니었다! 이성, 인간의 정신은 그런 수동적인 존재가 아니다. 인간의 정신은 능동적으로 세계를 구성하는 주체다. 사물에게 개념을 주라! 그것이 이성의 임무다!

붕어빵을 보자. 아주머니는 반죽을 붕어빵 틀 속에 넣은 후 열을 가한다. 틀을 한 바퀴 돌리고 나면 반죽은 빵으로 변신한다. 여기서 붕어빵 틀은 인간의 정신이요, 사유이며, 반죽은 인간이 겪는 경험이요, 사유의 대상이다. 아무 형체가 없던 반죽이 붕어빵의 모습으로 나오는 것은 붕어빵 틀 때문이다. 대상에 질서를 부여하는 것은 바로 인간의 정신이다.

동물을 보자. 겨울에 눈이 오면 마당의 멍멍이는 마구 뛰어다닌다. 개들은 왜 눈만 오면 뛰어다닐까? 근시에다가 색맹인 개의 눈엔 세상이 온통 잿빛이다. 그런데 눈이 내리면 개들에겐 우중충한 잿빛 하늘이 홀연 불꽃처럼 환한 하늘로 바뀌는 것이다.

인간이나 동물이나 모두 저마다 타고난 자신의 능력으로 세계를 본다. 그런 점에서 인간이 이성으로 세계를 인식하는 것이나 개가 색맹의 눈으로 눈 내리는 하늘을 보는 것이나 매한가지다. 뱀은 적외선으로 투시해서 사물을 본다. 박쥐는 음파를 쏴서 사물을 인지한다.

모든 생물은 저마다의 방식으로 세계를 파악한다. 실재는 무한히 복잡하다. 하지만 생물은 자신의 필요에 따라 그중 어떤 것을 인식할 뿐이다. 그렇지 않은가? 인간의 이성적 사유가 대상에 형상을 부여한다는 것이야말로 칸트 철학의 요점이다. 보편성과 필연성은 대상의 객관적 성질이 아니라 인간 이성이 부여한 개념이었다.

인간은 세계를 수용하고 반영하는 수동적 존재가 아니다. 거꾸로 세계에 형상을 부여하고 구성하는 능동적 존재다. 인간은 형상을 발견하지 않고 형상을 창조한다. 이것이 철학에서 칸트가 이룬 혁명적 전환이다.

'회전(revolution)하는 것은 태양이 아니라 바로 지구'라는 외침으로 코페르니쿠스는 과학사를 뒤엎었다. '질서는 세계에 내재한 것이 아니라 인간이 부여한 것'이라는 외침으로 칸트는 철학사를 뒤엎었다. 그래서 칸트의 철학에 '코페르니쿠스적 혁명(revolution)'이라는 찬사를 주는 것이다.

경험론자 흄과 그의 적수인 합리론자는 모두 '인식의 임무는 대상을 따르는 것'이라는 아리스토텔레스의 실재론적 인식론을 암묵적으로 가정하고 있었다. 칸트가 보기에 대화재의 불씨는 그곳에 있었다. 합리론자들은 이성은 대상을 인식할 수 있다고 주장했다. 그런데 이 주장을 입증하지 못했다. 그러자 경험론자들은 인간의 이성은 대상을 인식할 수 없다고 주장했다. 두 학파 모두 인식이란 대상을 반영하는 것이라는 전제를 가정하고 있었다. 양쪽 다 아리스토텔레스의 '실재론적' 진리관을 따르고 있었던 것이다.

칸트에 의하면 인식은 협동적 사업이다. 아이를 가지려면 남자와 여자의 협력이 있어야 하듯, 개념을 품기 위해서는 정신이 세계와 만나야 하고 형상과 질료가 서로 협력해야 한다. 질료를 정신에게 공급해주는 것은 감각 경험이다. 이 감각 경험에 어떤 형식을 부여하는 것, 그것이 바로 이성이다. 이성은 경험을 만나 개념이라는 아이를 만든다.

신앙과 이성,
종교와 과학의 갈등을 풀다

———

> 이성은 자신이 거부할 수도 없고, 그렇다고 해서 대답할 수도 없는
> 문제로 괴로워하는 운명을 지고 있다.

《순수이성비판》 초판 서문의 유명한 고백이다. 대체 인간을 괴롭히는 '대답할 수 없는 문제'란 무엇인가? 바로 영혼과 신, 자유의지에 관한 물음이다. 이 물음을 다루는 학문이 바로 형이상학이다. 한때 형이상학이 '학문의 여왕'이라 불리던 시절도 있었다. 그런데 이제 형이상학은 경멸의 대상으로 전락했다. 칸트는 형이상학의 불우한 처지를 헥토르의 어머니 헤카베에 비유했다. "얼마 전까지만 해도 많은 자식을 가진 권력자였건만 이제 내몰리고 쫓겨 의지할 곳조차 없는 신세가 되었구나."

왜 사태가 이 지경에 이르렀는가? 칸트에 따르면 독단적 합리론자들이 통치했던 형이상학의 정부는 절대군주제와 같은 것이었다. 형이상학의 정부가 내란에 빠지게 된 것은 당연했다. 우리야말로 진리를 소유하고 있다는 철학자들의 오만과 독단이 모든 혼란의 전범이었다. 따라서 다시는 이런 혼란을 겪지 않기 위해 칸트는 이성을 감시하고 감독하는 특별 법정을 설립해야 한다고 보았다. 그

렇다. 이성이 정당한 요구를 하면 법정은 이성을 보호할 것이다. 하지만 이성이 부당한 요구를 하면 법정은 이성을 응징할 것이다. 이 법정이 바로 '순수이성의 법정'인 것이다.

자, 칸트가 세운 법정은 인간의 영혼에 대해 어떤 판결을 내리는가? 먼저 칸트는 인간의 영혼에는 두 가지가 있다고 가정한다. 하나는 경험의 대상으로서 인간 이성이 인지할 수 있는 영혼이다. 다른 하나는 인간의 경험을 초월해 존재하기 때문에 인간 이성이 인지할 수 없는 영혼이다. 아리스토텔레스가 주장했던 그대로 인간의 신체 내부에 존재하면서 영양 섭취 능력과 감각 능력을 발휘하는 영혼이 전자라면 플라톤이 주장했던 그대로 인간의 지성을 움직이는 영혼은 후자에 해당한다.

칸트는 욕심이 많은 철학자였다. 그는 근대과학의 성과를 철학적으로 옹호하고자 했으며, 동시에 고대부터 내려온 인간의 숭고한 종교적 감정도 보호하고자 했다. 과학적 사고에 따르면 인과율에서 자유로운 실체는 없다. 모든 것은 원인에 의해 움직인다. 사물의 미래는 법칙에 의해 결정되어 있다. 인간도 예외가 아니다. 인간의 신체도 여느 기계처럼 엄격한 인과법칙에 따라 작동한다. 칸트는 이 과학의 요구를 외면하고 싶지 않았다. 그런데 데카르트의 기계적 결정론에 따라 인간의 신체를 하나의 기계로만 파악할 경우 도덕성의 토대가 되는 인간의 자유의지는 설 자리를 잃는다. 이것이 과학적 사유의 한계다.

여기에서 칸트는 그의 신(新)개념 물자체(物自體, Ding an sich)를 꺼내 든다. 모든 사물에는 두 측면이 있다는 것이다. 한 측면은 인지의 대상으로 드러나는 측면이요, 다른 한 측면은 인간의 인식으로 포착할 수 없는 물자체의 측면이라는 것이다.

물자체라, 뭐 하자는 거냐? 눈송이를 예로 들어보자. 눈송이는 사람의 눈엔 하얗게 보이나 개의 눈에는 화려한 불꽃처럼 보인다. 물속의 물고기에게는 존재하지 않는 사물일 것이다. 눈송이는 만지면 녹고 먹어보면 아무런 맛이 없다. 이 모든 감각 경험의 배후에 '눈송이의 물자체'가 있다. '눈송이의 물자체'는 모든 감각 경험을 일으키는 원인이다. 하지만 사람이 눈송이를 쪼개보고 또 쪼개본들, 그 '궁극 원인'인 눈송이의 물자체를 인식할 수는 없다.

인간은 신체의 감각 경험을 통해서만 실재와 만나는 피조물이다. 사람은 물자체를 결코 만날 수 없다. 수학이라는 언어가 우주의 구조와 잘 맞아떨어지지만 과연 우주가 수학의 언어로 인식될 수 있는 것인지 확정할 수 없다. 인간은 세계의 궁극 원인과 만나지 못한다, 영원히.

알고 보니 물자체는 일종의 불가지론이었다. 소크라테스의 명징한 사유를 따라가던 칸트는 소피스트인 프로타고라스와 고르기아스 쪽으로 기울고 있다. 프로타고라스는 말한다. "신이 존재하는지 존재하지 않는지 말할 수 없다. 신의 문제는 너무 어렵고 우리의 인생은 너무 짧다." 또 고르기아스는 말한다. "진리는 존재하지 않는다. 존재해도 인식할 수 없다. 인식할 수 있어도 표현할 수 없다." 칸트는 고대 철인들의 지혜를 본받아 지금 불가지론을 꺼내들고 있다. '사물에는 이성으로 인식할 수 있는 측면이 있고 이성으로 인식할 수 없는 측면이 있다. 물자체다. 이성이 물자체에 대해 너무 알려고 하면 다친다.'

칸트는 물자체의 개념을 인간의 영혼에 적용한다. 인간의 영혼에는 인과율로 파악할 수 있는 영혼이 있다. 동시에 인과율로 파악되지 않는 영혼이 있다. 영혼의 물자체가 있다. 하, 멋지다! 이 오묘한 조화여!

전자의 영혼이 생물학과 심리학의 대상이라면 후자의 영혼은 도덕의 대상인 인간의 자유의지다. 자유의지는 물자체다! 칸트의 사유에 따르면 과학의 인과율도 살고 도덕의 자유의지도 살게 된다. 지금 우리는 데카르트의 결정론적 세계관 속에 내재했던 딜레마, 과학과 도덕의 딜레마에서 탈출하고 있다. 칸트의 육성을 들어보자.

인과의 원칙은 경험의 대상인 사물에만 관계한다. 물자체에는 관계하지 않는다. 나는 내 영혼의 물자체를 인식할 수 없다. 따라서 자유의지도 인식할 수 없다. 자유의지를 인식할 순 없지만 나는 여전히 사유할 수 있다. 자유의지는 자연의 법칙으로부터 방해받지 않는다.

이렇게 하여 칸트는 합리론의 독단과 경험론의 회의를 넘어섰다. 데카르트는 '자아'와 '신'에 대해 독단을 취했다. 독단주의자들은 그들이 이미 대답을 안다고 생각했기 때문에 더 이상 질문하지 않았다. 흄의 경우 개념들이 감각 경험으로부터 오지 않았다고 지적했을 때 그는 옳았다. 그러나 개념들이 단지 습관에 불과하다고 선언했을 때 그의 회의주의는 틀렸다. 회의주의자들은 누구도 대답을 찾을 수 없다고 생각했기 때문에 더 이상 질문하지 않았다. 그러나 칸트는 질문을 던졌다. 오류의 근원을 찾아냈고 오류를 뛰어넘는 해법까지 찾아냈다. 이것이 철학에서 이룬 칸트의 '코페르니쿠스적 혁명'이다.

뉴턴과
칸트의 타협안

칸트는 우리의 인식능력이 경험의 한계를 넘어갈 수 없다고 본다. 신은 우리가 알고 있는 사물 속엔 있지 않다. 우리 자신의 경험에 토대하여 초월자를 사유하는 것은 모순이다. 초월자는 우리가 인식할 수 있는 사물에서는 발견될 수 없다. 우리가 인식할 수 없는 사물, 물자체에서만 발견될 수 있다. 신은 우리의 인식 너머 물자체에 있다. 따라서 우리는 신의 존재를 입증할 수도 없고, 부정할 수도 없다. 오직 신을 믿을 따름이다.

뉴턴은 신이 우주를 창조했다는 것을 부정하지 않았다. 다만 시계태엽이 톱니바퀴들의 맞물림에 의해 운동하듯, 한번 창조된 우주 안의 행성들은 우주의 운동 법칙에 따라 움직인다고 강조했다. 이것이 종교와 과학의 갈등을 푸는 뉴턴식 타협안이었다.

인간의 이성은 신의 존재를 증명하려는 끝없는 유혹에 부딪힌다. 칸트에 의하면 인간의 이성은 신의 존재를 증명할 수도 없고 부정할 수도 없다. 신의 존재란 증명할 수 없는 것이라고 선언함으로써 칸트는 '순수이성의 한계'를 규정해주었다. 그는 종교를 이성의 영역 바깥으로 몰아냈다. 동시에 종교가 신앙의 영역에 머물 수 있도록 만들어주었다. 이것은 종교와 과학의 갈등을 푸는 칸트식 타협안이었다.

거인, 지다

쾨니히스베르크는 동프로이센의 중심지였으며, 봉건 체제에 대한 비판과 자유의 공기가 숨 쉬는 곳이었다. 18세기의 쾨니히스베르크는 기사와 상인, 갖가지 부류의 인간들이 모여드는 사교의 장이었다. 게다가 서유럽의 정치적 동향에 관한 정보와 근대과학이 유입되는 통로였다. 미국 독립전쟁과 프랑스혁명에 관한 소식이 속속 전달되었고 프랑스의 계몽사상, 영국의 철학과 과학이 들어왔다.

칸트는 루소에게서 커다란 깨우침을 얻는다. 《에밀》이 나오자 그 책에 심취해 한 번도 거르지 않았던 산책마저 빼먹을 정도였다고 한다. 칸트는 《에밀》의 독후감을 다음과 같이 썼다.

나는 학자다. 나는 지식만이 인간의 자랑이라고 생각했으며, 무지한 민중을 경멸했다. 이런 나의 잘못을 바로잡아준 이가 루소다. 루소를 만난 후, 눈을 내리뜨던 나의 오만은 사라지고 모든 인간을 존경하게 되었다. 나는 평범한 노동자보다 훨씬 부끄러운 인간이었다.

칸트는 쾨니히스베르크 대학에서 평생을 바쳤다. 개인 강사 시절 예나, 할레 등의 대학에서 교수직 제안이 왔지만 받아들이지 않았다. 그는 쾨니히스베르크를 사랑했고 주민들과의 교류를 즐겼다. 교수가 다른 지역의 초빙을 거절할 경우 그곳 학생들과 시민들은 감사의 등불 행렬을 한다.

1789년 7월 14일 프랑스 민중은 바스티유 감옥을 습격했다. 이어서 8월 4일에 영주들의 봉건적 특권을 폐지했고 8월 26일에는 '인간과 시민의 권리'를 선포했다. 칸트는 혁명의 열광적인 지지자였다. 자유는 칸트의 소망이었다. 신문에 보도되는 프랑스혁명의 소식은 칸트의 유쾌한 단골 메뉴였다. 그는 우편물을 받기 위해 몇 킬로미터나 떨어진 곳까지 걸어나갔다. 인간이 열정 없이는 결코 어떤 위대한 일도 이룰 수 없다고 칸트는 확신했다. 인간은 이념에 민감하고 이념은 마음에 생기를 불어넣는다. '머리 위에서 반짝이는 별'만큼이나 민중의 혁명은 칸트에게 놀라움과 경외심을 불러일으켰다.

"나이가 드는 것은 곤혹스러운 일입니다. 요즘에는 밤에 연구를 하기 힘듭니다." 1796년 72세의 나이에 칸트는 강의를 그만두었다. 1804년 2월 12일 새벽 포도주를 입에 댄 그는 마지막 말을 내뱉었다. "좋다(Es ist gut)."

장례식 날 쾨니히스베르크 시 전체가 휴무에 들어갔고 운구 행렬에 수천 명이 뒤따랐다. 시내의 모든 교회가 조종(弔鐘)을 울렸다. 철학자 칼 포퍼는 다음과 같이 말했다.

1804년 칸트의 죽음을 애도한 그 많은 교회의 종소리는 프랑스 혁명의 이념이 남긴 메아리였다. 칸트는 고향 사람들에게 그 이념의 화신이었다. 법 앞의 평등, 세계시민권과 지상의 평화, 그리고 무엇보다도 지식을 통한 인간 해방을 가르친 스승에게 고마움을 전하기 위해 주민들은 몰려왔다.

《순수이성비판(Kritik der reinen Vernunft)》

1781년 출간된 칸트의 대표 저서로 학문으로서 형이상학의 성립 가능성을 묻고 있다. 칸트는 한때 '만학(萬學)의 여왕'으로 불리다 당대에는 온갖 멸시의 대상이 되어버린 철학(형이상학)을 이성의 법정에 세워야 한다고 주장한다. 우리에게 경험 가능한 대상은 시공간에 나타나는 '현상'이지 인식과 무관하게 존재하는 '물자체'일 수 없다는 것이 《순수이성비판》의 핵심이다.

우리의 인식을 다루고 있는 《순수이성비판》은 선험적 미학, 선험적 분석론, 선험적 변증론으로 나누어진다. 선험적 미학은 인간의 인식 능력 가운데 감성 능력을, 선험적 분석론은 오성 능력을, 그리고 선험적 변증론은 이성 능력을 다룬다.

칸트 스스로 철학에서 코페르니쿠스적 혁명을 실현한 책이라고 말했을 정도로 《순수이성비판》은 철학사를 칸트 이전과 이후로 나누는 중요한 저작이며, 근대 철학의 기틀을 다진 책으로 평가받는다.

———

Chapter 8

신을 죽인 사나이

———

니체
Nietzsche

니체는 선언한다. "신은 죽었다." 유신론적 세계관 속에서 살아온 유럽인들에게 신의 죽음은 충격과 공포였다. 유럽인들에게 신은 우주의 창조주이고 삶의 목적과 의미의 근거이며 존재의 토대다. 또한 우주의 질서를 보장하는 제1전제이기도 하다. 따라서 신이 죽었다는 것은 철학의 근간을 이루어온 형이상학적 세계의 파탄을 의미한다. 이제 진리를 향한 철학적 사유는 필요가 없다. 정녕 신이 죽었다면 도덕적 삶을 추구할 이유도 사라진다. 그러나 니체에게 신의 죽음은 인간의 해방을 의미했다.

도발적인 사상과 담론으로 20세기 실존철학을 낳은 니체의 정신 속으로 들어가 보자.

니체는 1844년 프로이센에서 목사의 아들로 태어났다. 1844년이라면 영국에서는 노동자들이 자신들의 정치적 권리에 눈을 뜨고 참정권 쟁취 운동을 전개하던 시기였고, 프랑스 역시 노동자들이 1848년 2월 혁명을 준비하던 시기였다. 영국과 프랑스가 민주주의의 길을 질주하던 바로 그 시기 독일은 중세의 봉건적 분할을 극복하지 못하고 근대 국민 국가로 진입하지 못한 채 답답하게 지체되고 있었다.

드디어 독일의 분열에 종지부를 찍고 300여 군소 공국들의 통합을 이끈 지도자 비스마르크가 나타났다. 1862년 비스마르크는 프로이센의 재상으로 취임한 후 독일 통일을 추진했다. 프로이센은 1866년 오스트리아에 선전포고를 했다.

애국 청년 니체는 비스마르크의 무력 통일 정책에 열광했다. 독일의 통일을 추진할 힘은 전쟁밖에 없다고 생각한 니체는 비스마르크를 열렬히 지지했다. 니체는 친구에게 이렇게 말했다. "나에게 무한한 기쁨을 준 것은 비스마르크네. 그의 연설문을 읽을 때 나는 독한 포도주를 마시는 것 같다네. 너무 빨리 마시지 않고 천천히 음미하도록 혀를 멈추곤 하지."

니체는 어려서부터 음악에 천부적 재질을 보였고 그리스어에 뛰어난 재능을 갖추었다. 문학적 능력도 돋보였다. 대학에서는 고대 그리스 철학의 문헌을 연구했고 호메로스에 심취했다. 그런데 1867년 기마병으로 입대했으나 얼마 못 가서 드러눕게 되었다. 훈련 도중 낙마 사고를 당해서 침대에 드러눕는 신세가 되었기 때문이다. 그는 라이프치히 대학으로 돌아와 호메로스 연구에 몰입했다.

"문헌학자들은 모두 학문에 종사하는 공장노동자에 불과해. 학자들이란 게 학문의 전체는 보지 않고, 학문의 나사 박는 일만 하고 있어."

니체는 일찍부터 고루하고 편협한 독일 문화가 혁신되어야 한다고 생각했다. 그 이상은 고대 그리스의 귀족 문화였다.

1869년 25세의 나이에 니체는 스위스 바젤 대학의 교수로 취임한다. 전공은 그리스 고전 문헌학이었다. 니체는 친구에게 이렇게 편지를 썼다. "운명이라는 악마가 문헌학 교수직을 미끼로 나를 유혹하고 있네."

1870년 1월 바젤 대학에서 '소크라테스와 비극'에 관해 강연을 한 니체는 7월 군대에 자원입대했다. 비스마르크가 프랑스를 상대로 전쟁을 선포한 것이다. 이른바 보불전쟁이 개시되었고, 전쟁은 젊은이들에게 민족주의적 열정을 고취했다. 니체는 중상자를 호송하는 임무를 맡았다. 당시 군대 병원에서 목격한 전쟁의 참상은 젊은 철학도의 상상력을 자극하기에 충분했다. 니체는 시체가 즐비한 광경, 사지가 잘린 채 죽어가는 사람들의 모습을 잊지 못했다. 끔찍하고 무시무시한 것이야말로 삶의 무료를 치료하는 것이라며 비극을 미화하는 세계관은 여기에서 싹

튼 것이었다. 1872년에 발간한 《비극의 탄생》 서문 초고에서 니체는 이렇게 회고했다.

나는 아직도 후송되는 부상자와 함께 누워서 그들을 돌보던 밤, 비극의 심연을 떠올렸던 밤을 기억합니다. 삶은 광기이자 고통입니다.

니체는 반항아였다. 가장 영향을 깊게 받은 사람을 가장 증오하는 것은 모든 반항아의 공통된 특징이다. 주지하다시피, 유럽을 지배해온 것은 기독교였다. 어린 시절부터 식사 때마다 들었던 어머니의 기도, 조금의 일탈도 허용하지 않는 청교도의 엄격함, 그 모든 기독교 문화가 니체에게는 사상을 질식시키는 최루액으로 느껴졌다. 그래서였을까. 라이프치히 대학에 다닐 때 그는 친구들과 어울려 술과 담배, 여자와 방탕을 즐겼다.

니체에게 기독교는 소크라테스의 복제였다. 소크라테스의 심오한 철학을 쉬운 우화로 바꾸어놓은 것이 기독교다. 소크라테스는 신의 완전성을 확신한다. 기독교도 그렇다. 소크라테스는 삶의 덧없음을 말한다. 기독교도 그렇다. 소크라테스는 육체의 욕망을 금기시한다. 기독교도 그렇다. 소크라테스는 영혼의 정화를 중시한다. 기독교도 그렇다.

기독교에 저항한 니체가 소크라테스에 반기를 든 것은 당연한 일이었다. 니체는 소크라테스의 이성중심주의가 유럽 문명의 생명력을 질식시키고 유럽 문명의 불임(不姙)을 초래한 문명의 적(敵)이라고 보았다. 니체는 소크라테스에 대해 격렬히 반항한다.

현대의 자식인 내가 그리스의 자식이라는 점을 숨기지 않네.

니체는 이렇게 썼다. 니체의 몸은 19세기의 독일 사회에 살고 있었지만 니체의 정신은 고대 그리스 문헌 속에 살고 있었다. 그에게 동시대의 유럽 문명은 '인간의 정신을 왜소하게 만든 지질이'였다. 그는 지질한 현대 유럽 문명을 넘어서는 대안의 삶을 고대 그리스의 영웅들에게서 찾았다. 니체의 모든 결론은 영웅에 대한 찬미와 초인의 호출로 귀결된다. 니체의 영혼이 머물며 놀았던 곳은 아킬레우스와 아가멤논, 오디세우스의 서사였다.

아폴론적인 것과 디오니소스적인 것

보불전쟁의 포화 속에서 28세의 청년기를 경유하던 니체는 자신의 처녀작 《비극의 탄생》을 집필한다. 그는 이 글에서 고대 그리스 문명의 정수를 제시한다.

예술은 아폴론적인 것과 디오니소스적인 것의 이중성과 결부되어 있다. 서로 다른 이 두 충동은 공공연히 대립하면서 좀 더 힘 있는 탄생물을 낳도록 서로를 자극한다.

아폴론적인 것은 무엇이고 디오니소스적인 것은 또 무엇인가? 지구의 배꼽으로 유명한 델포이 신전은 아폴론을 모시는 신전이다. 아폴론은 태양과 지혜의 신이며 예언의 신이기도 하다. 니체에 따르면 아폴론적인 것이란 밝음과 균형, 절도와 질서를 상징하며, 아름다운 가상을 만드는 조형적 예술 능력을 의미한다.

반면 디오니소스는 술과 황홀경의 신이다. 디오니소스는 풍요와 수확의 신이며, 생명력과 정액을 상징한다. 디오니소스제(祭)는 사람들을 도취와 환각 상태로 끌어들인다. 이 제사에는 여성과 노예도 참가한다. 디오니소스에게 바치는 합창 찬가 〈디티람보스〉가 그리스 비극의 기원이다. 니체에 따르면 디오니소스적인 것이란 어둠과 혼돈, 도취와 황홀경, 그리고 생명력을 상징한다.

니체에 의하면 현실은 가상이다. 플라톤이 생성·소멸하는 이승의 세계는 허구의 세계요, 영원불멸한 진리의 세계가 이승의 세계 저편에 있다고 보았듯이, 니체 역시 이 현실에 대해, 삶의 의미에 대해 근원적으로 회의한다. 인간이 고통의 세계를 살아갈 수밖에 없는 것은 인간이 우주에서 분리되어 있고 너와 내가 분리되어 있기 때문이다. 이른바 개별화의 원리에 의해 찢긴 인간은 고통의 세계를 산다. 이 세계는 가상의 세계다.

아폴론적인 것이 세계의 가상이요, 현상이라면 디오니소스적인 것은 세계의 진리요, 본질이다. 아폴론은 개별화의 원리를 상징하는 신상(神像)이다. 반면 디오니소스는 인간과 인간을 하나로 결합해주고, 심지어 인간과 우주까지 하나가 되게 해주는 마법의 신이다. 인간은 노래하고 춤추면서 더욱 높은 공동체의 일원으로 탈바꿈한다. 디오니소스적 광란, 예술적 환희를 체험하면서 개별화의 원리가 파기된다.

디오니소스의 열광적 숭배자들은 주로 여성이었다. 짐승의 가죽을 걸친 여인들은 나뭇가지로 만든 관을 쓰고, 한 손에는 뱀이나 포도송이를 들고, 또 다른 한 손에는 지팡이를 든 채 노래하고 춤추면서 산과 들을 뛰어다녔다. 디오니소스에 접신이 되면 산기슭에서 미친 듯이 춤을 추었다. 디오니소스제에 동참한 사람들은 자신 속에서 신을 느끼면서 일상의 금기에서 벗어나 자연과의 합일을 경험한다.

삶을 정당화하는 것은 오직 아름다움이다

———

그리스인은 인생의 공포와 전율을 잘 알고 있었다. 그리고 삶의 공포를 견디기 위해 올림포스라는 찬란한 꿈의 산물을 내세웠다. 그리스인들처럼 감수성이 예민하고 욕망이 강렬하며 탁월한 고뇌의 능력을 지닌 민족이 어떻게 삶을 견뎌낼 수 있었겠느냐고 니체는 묻는다.

인간은 삶의 무상함에 직면해 고뇌한다. 이 고뇌로부터 지상의 삶을 정당화하는 다양한 방법이 나타난다. 종교와 예술, 도덕과 학문은 이 세계의 삶을 정당화하는 방법의 하나다. 그러나 니체는 삶과 세계를 정당화하는 것은 미적 현상이라고 보았다. "삶을 정당화하는 것은 오직 아름다움이다."

삶의 미적 정당화는 지상의 고뇌에도 불구하고 지상의 삶을 긍정하는 또 다른 방식이다. 비극은 삶의 근원적인 의지가 스스로를 드러낸 것이다. 현실에서 도피하지 않고 세계를 미적으로 정당화하는 것, 이것만이 인간을 건강하고 심원한 존재로 만든다. 예술만이 삶의 공포나 부조리에 대한 구토를 치유한다.

그리스 비극은 기원전 5세기에 꽃피던 문학 형식이다. 아리스토텔레스의 정의에 따르면 비극은 드라마적 형식을 취하며, 연민과 공포를 통해 감정의 카타르시스를 완수한다. 그리스 비극의 근원적인 과제는 영웅의 숭고함과 위대함을 표현하는 것이었다.

그리스 비극의 걸작인 〈오이디푸스 왕〉을 보자. 오이디푸스는 델포이의 신전에 가서 자기의 운명을 신에게 묻는다. 델포이의 신탁은 그가 아버지를 죽이고 어머니와 결혼할 운명을 타고났다고 말한다. 오이디푸스는 운명에 저항한다. 만약 그가 신들에 의해 결정된 자신의 운명을 받아들이고 집으로 돌아갔더라면 그는 자기에게 내려진 저주스러운 운명을 피할 수도 있었을 것이다. 긍지 높은 자유인이었던 오이디푸스는 부당한 운명에 저항하여 집을 떠난다.

신탁이 예언한 과오를 피하기 위해 고향을 떠나 오랜 세월 방랑했다. 세 갈래 갈림길에서 우연히 만난 행인과 말다툼을 하던 중 오이디푸스는 행인을 죽인다. 그 행인이 아버지 라이오스였다. 이후 오이디푸스는 미망인이 된 왕비 이오카스테를 아내로 맞이한다. 그녀는 자신을 낳아준 어머니였다. 오이디푸스의 생모이자 아내인 이오카스테는 슬피 울며 목숨을 끊고, 고통에 몸부림치던 오이디푸스는 이오카스테의 옷에 걸린 브로치를 뽑아 들고 자신의 두 눈을 찌른다.

고대 그리스인들에게 비극을 감상하는 것은 배심원으로 법정에 참여하는 것만큼 중요한 일상이었다. 페리클레스는 비극 공연을 감상하는 시민들에게 수당을 주었다. 그리스인들은 어릴 적부터 호메로스의《일리아스》를 외우면서 자랐다. 아테네의 체육관이 육체를 갈고닦는 훈련장이었다면 극장은 아테네 시민들의 정신을 도야하는 훈련장이었다. 아테네인들은 아이스킬로스와 소포클레스와 에우리피데스의 비극 작품을 이해한 수준 높은 문화인이었다. 그들은 소포클레스의 〈오이디푸스 왕〉을 보면서 부당한 운명에 저항하는 오이디푸스의 고뇌를 곱씹었다.

비극의 정수는 합창에 있었다. 합창단은 흥분된 대중의 상징이었다. 열광 속에서 합창단은 신탁이 주는 지혜의 말을 전한다. 합창단은 세계의 심장에서 진리를 선포하는 자다. 니체는 말한다. "소크라테스는 고대 비극을 이해하지 못했다. 그는 고대 예술의 디오니소스적인 것과 투쟁했다. 고대 비극을 파괴하고 몰락하도록 한 것은 소크라테스주의였다." 니체에 따르면 소크라테스의 합리주의 정신 때문에 비극의 디오니소스적 요소가 소멸하기 시작했고, 이어 그리스 비극이 몰락하게 되었다는 것이다. 소크라테스에게 비극은 진리와 멀었다. 비극은 대중에게 아부하는 예술로 간주되었다. 소크라테스는 제자들에게 문학의 유혹에 거리를 두라고 요구했다. 청년 플라톤도 소크라테스 때문에 자신의 비극 작품을 불태웠다. 문학으로는 진리에 다가설 수 없다는 것이 소크라테스의 지론이었다.

니체는 묻는다. "비극을 사멸시킨 소크라테스, 그의 변증술과 자기만족, 명랑성은 무엇을 의미하는가? 소크라테스주의야말로 몰락과 피곤과 병, 그리고 무질서하게 해체되어가는 본능의 징조가 아닌가?" 니체에 의하면 비극은 소크라테스의 낙천주의에 의해 소멸되었다.

신은 죽었다

────────

일찍이 신의 죽음을 처음으로 선포한 사람은 니체가 아니었다. 무신론의 체계를 처음으로 제기한 철학자는 헤겔이다. 유럽인들에게 신은 우주의 질서를 보장하는 제1전제다. 신이 죽었다는 것은 철학의 근간을 이루어온 형이상학적 세계의 파탄을 의미한다. 역시 신의 죽음은 니체에게 인간의 해방을 의미했다. 이 해방의 순간에 누리는 자유로움을 니체는《즐거운 학문》에서 다음과 같이 표현했다.

우리 철학자들은 신이 죽었다는 소식에서 아침놀이 비치는 듯한 느낌을 받고 있다. 우리의 가슴은 감사, 놀라움, 예감, 기대로 넘친다. 마침내 우리에게 지평선이 다시 열린 것이다. 우리의 배는 다시 출항할 수 있게 되었다. 모든 위험에도 불구하고 다시 항해를 할 수 있

게 된 것이다. 인식의 모든 모험이 다시 허락되었다. 바다가, 우리의
바다가 열렸다.

니체의 기독교 비판은 나이가 들면서 점점 더 신랄해졌다. 그는 기독
교를 불구대천의 원수로 간주했고 기독교에 반대하는 투쟁을 통해 전
인류의 등불이 되겠다는 순교자적 신념을 굳혀갔다. 현대인의 삶 깊숙
이 내장되어 있는 수동성과 노예성에 대한 니체의 투쟁은 그치지 않았
다. 니체는《인간적인, 너무나 인간적인》에서 이렇게 말했다.

"기독교란 먼 옛날부터 전해온 하나의 유물이다. 기독교는 야만적이
고 동양적이며 천박하고 비그리스적이다. 인간의 무가치함과 비열함을
가르침으로써 더 이상 이웃을 경멸할 수 없게 하는 것이 기독교의 술책
이다."

니체는《비극의 탄생》서문으로 쓴〈자기비판의 시도〉라는 글에서 기
독교는 처음부터 삶의 구토와 염증이었고 가장 깊이 든 병, 피로, 빈곤
의 징후였다고 비판한다.

무신론적 세계관에 익숙한 동양인들에게 "신
은 죽었다"는 니체의 선언은 그저 덤덤하
다. 그러나 유신론적 세계관에서 살아온
서양인들에게 신의 죽음은 다르다. 서양인
들에게 신은 우주의 창조주였고, 삶의 목
적과 의미의 근거였으며, 존재의 토대였다.
신이 존재하지 않는 세계는 무의미한 세계이

며, 허무다. 진리를 향한 철학적 사유를 할 필요조차 없다. 도덕적 삶을 추구할 이유도 사라진다. 정녕 신이 죽었다면 인간이 존재할 이유는 없다. 정녕 신이 죽었다면…….

유럽에서 가장 매력적이었던 여인

"이 러시아 여성에게 나의 인사를 전해주십시오. 나는 이런 유의 영혼을 갈망하고 있습니다. 가까운 장래에 이 영혼을 강탈하러 가겠습니다."

1882년 3월 21일 작성한 이 편지에 출현하는 영혼의 주인공은 저 유명한 루 잘로메다. 니체의 친구 파울 레의 편지에 따르면 잘로메는 니체를 만나 대화하는 일에 호기심을 가지고 있었다. 레는 잘로메를 정열적이고 믿기 어려울 정도로 총명하며 소녀 같은, 실로 순진무구한 개성을 가진 여성이라고 니체에게 소개한다. 그때 니체는 고독했다. "나는 가까이에서 함께 일할 수 있을 만큼 지적이면서 우아한 젊은 사람을 필요로 합니다"라는 그의 고백은 정당한 것이었다.

니체는 유혹의 소리를 따랐고 1882년 4월 23일 잘로메를 만나기 위해 로마로 떠났다.

"우리가 여기에서 다시 만난 것은 어느 별이 도운 것일까요?"

이것이 니체의 첫인사였다. "나는 당신과 함께 연구하고 작업하는 일들을 하고 싶습니다. 나는 당신의 스승이 되고 싶습니다"라며 자신의 호의를 피력했다. 하지만 루 잘로메는 쉽게 마음을 열어주지 않았다. 자유로운 영혼, 잘로메의 열망을 정복하는 일은 쉽지 않았다.

"나는 홀로 살고 싶었습니다. 그때 사랑하는 한 마리 새, 루 잘로메가 길 위로 날아갔습니다. 나는 그 새가 한 마리 독수리일 것이라고 생각했습니다. 이제 나는 독수리를 가지고 싶습니다. 자, 오십시오." 니체의 구애는 열렬했다. 자원하여 루에게 봉사했다. 루 잘로메는 잠언을 썼다. 니체는 기꺼이 그녀의 원고를 읽고 정정했다. 단둘이 여러 시간 동안 토론했다. 토론이 끝나고 헤어질 땐 루의 부드러운 손에 감히 키스를 했다. 루가 감기로 침대에 눕자 니체는 몸소 루를 간호했다. 단둘이서 문을 닫은 채……

니체는 행복했다. 루가 작별하면서 자작시 〈삶의 기도〉를 헌정했을 때 니체는 잘로메의 사랑을 확신했다. 그는 이 시를 음악으로 작곡했다.

러시아 장군의 딸로 태어난 잘로메는 문학과 철학을 사랑한 지성적이고 자유분방한 여성이었다. 아버지는 유대인이었다. 잘로메는 독일의 유명한 시인 릴케의 연인이었다. 독일 교수와 결혼한 후에는 프로이트의 제자가 되어 많은 풍문을 남겼다. 로마의 베드로 성당 앞에서 이 지적인 유대인 아가씨가 반기독교도 철학 교수를 만난 것이다. 니체는 진리를 위해 헌신하겠다는 잘로메의 용기에 감동했다. 심지어 "나는 잘로메를 제자로 삼고 싶다. 내 삶이 오래 지속되지 않을 경우 나의 상속자 겸 계승자가 되게 하고 싶다"라고 고백할 정도였다.

잘로메도 니체가 싫지 않았다. "고독, 이것이 니체가 사람의 마음을 사로잡는 최초의 강한 인상이었다. 그가 우울한 기분에 잠겨 있을 때 그의 눈은 마치 고독이 섬뜩한 심연에서 나온 것만 같았다." 이것이 잘로메의 마음에 비친 니체의 영상이었다.

로마에서 니체는 루와 함께 행복한 나날을 보냈다. 잘로메는 니체와 공동생활을 하면서 학문을 연구하자고 제안했다. 고독한 방랑자 니체는 사랑에 빠진 남자가 세울 수 있는 모든 계획을 생각해본 것이 틀림없다. 잘로메는 니체와 달리 사랑이나 결혼보다는 오히려 정신적인 공동 작업을 원했다. 잘로메는 분명 니체에게 호감을 갖고 있었으며, 그의 사상에 관심이 많았지만 니체를 생의 반려자로 맞이할 마음은 없었다.

많은 남자들이 잘로메를 사랑했다. 니체에게 잘로메를 소개했던 파울 레는 잘로메와 헤어진 뒤에 투신자살했다. 자신의 가슴에 칼을 꽂고 나서야 겨우 결혼 승낙을 받았던 남편 안드레아스조차 그녀의 몸에 손 하나 댈 수 없었다. 릴케 역시 잘로메와 헤어진 후 정신 이상에 시달렸으며, 프로이트의 제자 타우스크도 잘로메에게 버림받은 후 자살을 택했다.

이윽고 자신의 경솔한 행동을 후회한 니체는 더욱 깊은 고독으로 침잠했다. 연인과 작별한 후 세상과 인연을 끊고 고독하게 살아가는 니체에게 새로 나타난 삶의 반려가 있었다. 그 반

여자를 보려는가?
회초리를 들어라!

려가 바로 '차라투스트라'다.

디오니소스의 후예인 차라투스트라는 자신의 이상을 대변하는 예언자이자 니체의 분신이었다. 조로아스터교의 창시자 차라투스트라는 새로운 도덕의 창조자였으며, 전통적 세계에 대한 도전자였다.

제노바에 도착한 니체는 1883년부터 저술 활동에서 위안을 찾았다. 니체는 천성적으로 고독을 좋아하는 철학자였으며, 고독한 순간에 창조의 즐거움을 만끽했다. 1885년 1월 마침내 집필이 마감되었다. "모든 사람을 위한, 그리고 어느 누구를 위한 것도 아닌 책"의 초판은 이렇게 세상에 처음 얼굴을 드러냈다. 지인들에게만 보내려고 했을까. 초판의 인쇄 부수는 40여 권. 이 책이 일반인에게 공개된 것은 1892년이다.

차라투스트라와의 만남

───────

보라, 나는 그대들에게 초인을 가르칠 것이다. 초인은 바다다. 그대들의 경멸은 이 바다 안에 가라앉게 될 것이다.

그대들은 말할 것이다. "나에게 이성이 무슨 소용인가! 그것은 사자가 먹이를 탐하듯 지식을 탐하는 것이 아닌가? 이성은 빈곤이고 불결이며 가련한 안락이다!"

그대들은 말할 것이다. "나에게 덕이 무슨 소용인가! 덕은 나를 한 번도 열광케 한 적이 없었다. 선과 악이여, 염증이 난다. 덕은 빈곤이고 불결이며 가련한 안락함이다."

– 프리드리히 니체, 《차라투스트라는 이렇게 말했다》

니체는 소크라테스에 대항한 투사다. 그는 이성의 안내를 받아 진리에 도달하려고 했던 소크라테스의 모든 활동을 부정한다. 그는 소크라테스의 '이성'이 유럽 문명을 시들게 한 주범이었다고 고발한다. 소크라테스는 육체와 욕망을 경멸했다. 소크라테스에게 의미 있는 행동은 '영혼의 탁월함'을 추구하는 것이었다.

차라투스트라는 말한다. "대지에 충실하라. 하늘나라를 믿지 마라!" 니체가 차라투스트라의 입을 통해 이성이 무슨 소용이 있으며, 덕이 무슨 소용이 있는가라고 물었을 때 이것은 소크라테스를 향한 힐문이었다.

소크라테스는 이성적 사유의 안내를 받는 영혼의 탁월함을 덕이라 보았고 플라톤은 최고의 이데아를 선의 이데아로 보았다. 플라톤에게 진리란 불멸의 존재다. 지상에서 생성하고 소멸하는 모든 것은 가상에 지나지 않으며, 진리의 세계는 이 가상의 세계 너머에 있다.

니체는 플라톤의 테제가 억측에 불과하다고 선언한다. 완전무결하고 전지전능한 신은 인간의 관념이 조작해낸 억측에 불과한 것이다. 불멸의 존재란 시인이 사용하는 비유에 지나지 않는다. 불멸의 존재를 가정하지 말고 삶의 무상함에 정면으로 맞서라. 이것이 니체의 정직한 외침이다.

니체는 서양 사유의 토대가 되었던 플라톤의 형이상학적 · 도덕적 세계관을 일절 거부한다. 플라톤이 《국가》에서 시인을 추방하자고 제안했을 때 그의 논거는 신의 완전성이었다. 니체에 따르면 선과 악은 존재하지 않는다. 선과 악은 인간이 인간을 지배하기 위한 관념일 뿐이다.

니체는 철저히 귀족적이었다. 그는 대중을 천민이라 경멸하며, 진리가 대중 너머에 있다고 생각했다. 니체는 고대 그리스인의 영웅적 귀족주의 안에서 살고 있었다.

니체는 유럽의 부르주아 문화를 죽음의 문화로 기술한다. 니체는 이 부르주아 문화의 위선을 넘어서는 진정한 가치를 예술에서 발견했다. 음악은 니체에게 생명 그 자체였다.

니체의 귀족적 예술관은 1871년 5월 파리의 노동자들이 루브르 박물관을 강탈했다는 신문 기사를 보면서 폭발한다. 니체는 이 사건을 야만적 봉기의 선봉이라고 보았다. "한 시기의 중요한 문화적 기록물이 모두 재로 변하는 이때에 지식인이라는 직업이 과연 어떤 의미를 가질 수 있을까요? 내 생애 최악의 날이었습니다."

벗이여, 고독 속으로 달아나라! 위대한 일은 모두 시장이나 명성과 떨어진 곳에서 일어난다. 예로부터 새로운 가치를 고안해낸 자들은 시장이나 명성과 떨어진 곳에 살았다.

초인은 시대정신을 부정하는 자다. 니체의 초인은 고독할 수밖에 없다. 시장이 있는 곳, 사람이 모이는 곳에서 정치가 시작되는데, 정치는 대중에 대한 아부다. 이곳에는 오직 정신들의 타협만이 있을 뿐이며, 썩어가는 정신이 있을 뿐이다. 인간은 극복되어야 하는 그 무엇이다.

니체의 글이 오늘날까지 우리에게 매력적인 이유는 그 속에 내포된 비판과 부정, 권위의 해체에 있을 것이다. 니체는 망설임이 없다. 그는 주저 없이 그 모든 '사상의 권위'를 해체한다.

시대를 막론하고 권력과 체제에서 자유로운 사람이 얼마나 존재할까? 니체가 목격한 독일 시민들은 죄다 자유를 포기한 비겁한 소시민이었다. 철학자들도 마찬가지다. "현대의 모든 철학적 사색은 정치적이다. 오늘의 철학자들은 글 쓰는 기계가 아닌가?"

현실이 인간의 정신을 왜소하게 만들수록 니체의 부정과 비판, 거침없는 조소는 지속적인 매력을 발휘할 것이다. 인간 정신의 소외가 지속되는 한, 니체는 정당하다.

니체에서 사르트르로

사르트르는 《존재와 무》에서 존재의 의미를 두 가지로 나눈다. 일상의 물건처럼 의식이 없는 '즉자존재'와 인간처럼 의식을 갖는 '대자존재'가 그것이다. 인간은 그 의식을 통해 '무(無)'의 의미를 깨닫고 존재의 '무의미'에 대면한다. 우리는 자신이 아무것도 아님을 깨달음으로써 실존의 의미를 묻게 된다는 것이다. 존재하는 것은 오직 인간의 삶뿐이며, 인간의 삶 이전에 존재하고 인간의 삶에 의미를 부여하는 본질 같은 것은 존재하지 않는다. 허무의 깨달음은 소름 끼치는 악몽인 동시에 무한한 자유의 확인이다. 우리의 삶에는 아무런 목적도 없고 필연의 법칙도 없다.

실존은 본질에 선행한다(Existence precedes essence).

이제 이 머리 아픈 실존주의의 대표 명제를 검토해보자. 30년 전 나는 사르트르의 이 명제에 아주 심오한 무언가가 있는 것으로 착각했다. 영어의 'existence'는 'being'이고, 이것은 그냥 '삶'이며 '있는 것'이다. 그런데 이 평범한 개념이 '실존'으로 번역되면서 매우 특이한 정신적 경향을 내포하는 듯한, 이른바 실존의 신비화가 우리 머릿속에서 진행되었다. 알고 보니 실존이란 생성과 소멸의 고리 안에 있는 인간의 삶, 바로 그것이었다. 마르크스가《독일 이데올로기》에서 인간 역사의 제1전제는 생활 수단의 생산과 재생산에 있다고 했을 때 이 생활이 곧 실존이다. 심오한 것은 실존에 있는 것이 아니라 본질에 있었다. 본질은 세계의 근원이 되는 보편적이고 영원불멸의 어떤 것이다. 기독교인의 신이나 플라톤주의자의 이데아나 데카르트의 실체와 같은 것들이 본질이다. 그러면 실존이 본질에 선행한다는 명제의 의미를 다음 예를 통해 곱씹어보자.

여기에 한 대의 자동차가 있다. 이 자동차는 자동차 설계도의 산물이다. 마찬가지로 여기에 한 인간이 있다.

기독교에 의하면 인간은 창조주의 피조물이다. 신과 인간의 관계는 설계도와 자동차의 관계와 같다고 할 수 있을 것이다. 자동차라는 실존이 설계도라는 본질의 산물이듯, 인간이라는 실존은 신이라는 본질의 피조물이다. 이런 관념이 서구 유럽 2000년 역사를 지배해온 것이다.

그리하여 마침내 실존주의는 선언한다. 만약 신이 없다면, 만약 인간의 실존을 규정하는 본질이 없다면 실존이 본질에 선행한다. 인간이 먼저 세계 속에 실존하고 인간이 정의되는 것은 그 이후의 일인 것이다.

실존주의에 따르면 인간은 인간 스스로가 구상하고 희구하는 그 무엇이다. 인간은 스스로 자신을 만들어가는 존재다. 이것이야말로 실존주의의 제1원칙이다. 인간은 미래를 향해 스스로를 던지는 존재이며, 주체적으로 자기의 삶을 살아가는 하나의 기투(企投)다. 실존이 본질에 앞선다면 인간은 자신이 지금 어떤 존재인가를 스스로 결정해 나아가야 한다. 그리하여 모든 인간으로 하여금 자신의 실존에 책임을 지도록 하는 것, 그것이 바로 실존주의다. 나는 나 자신에 대해서, 그리고 모든 인류에 대해서 책임이 있다.

인간은 세계 속에 내던져진 존재다. 따라서 삶의 의미를 부여하는 것은 그의 실천이며, 그의 선택이다. 인간에게 삶의 의미를 제공해주었던 신이 사라진 세계에서 인간에게 주어진 것은 무한의 자유이며, 이 허무의 바다에서 인간을 구출하는 것은 그의 결단이고 사회참여다. 이것이 사르트르가《실존주의는 휴머니즘이다》를 통해 주창한 참여 이론이다.

사르트르는 20세기 실존주의를 대표하는 철학자이지만 결코 철학자로만 머물지 않았으며, 글과 행동으로 끊임없이 사회에 참여했다. 니체

의 무신론은 사르트르의 실존주의 철학을 낳았고 마르크스의 사회주의
는 사르트르의 정치적 실천을 이끌었다. 사르트르는 19세기가 낳은 두
위대한 사상가 마르크스와 니체의 적자였다. 마치 마르쿠제가 마르크스
와 프로이트의 적자였듯이.

《비극의 탄생(Die Geburt der Tragö die aus dem Geiste der Musik)》
1872년에 출간된 니체의 첫 저서로 바그너에게 헌정한 책이다. 니체는 이 책에서 고대 그
리스 비극의 정신이야말로 문화 창조의 원천이고 그 비극의 정신을 현대에 부흥시킨 것이
바그너의 음악이라면서 바그너의 신예술운동을 지원하려고 했다.
이 책은 그리스 비극이 아폴론적 이성과 디오니소스적 감성의 긴장관계를 통해 삶의 심오
한 뜻을 밝히려 했다는 독창적인 해석을 보여주었지만 실증적 과학주의를 신봉하던 당대
의 문헌학계에서는 철저하게 무시당했다. 그러나 19세기 말의 독일 사상계를 비판한 《반
시대적 고찰》과 함께 니체의 이름을 알리는 데 결정적인 역할을 했다.

《차라투스트라는 이렇게 말했다(Also sprach Zarathustra)》
"신은 죽었다"는 도발적인 선언으로 서양 지성계를 뒤흔들어놓은 니체의 문제적 저작. 총
4부로 구성된 이 책은 서양에서 《성경》 다음으로 많이 읽히는 것으로 평가받으며, 고대
페르시아 배화교(拜火敎)의 교주인 차라투스트라(조로아스터의 독일식 이름)가 산을 내려와
여행을 하면서 가르침을 전하는 과정이 주된 내용이다. 니체는 힘에의 의지, 초인(超人),
영겁회귀(永劫回歸) 등의 핵심 사상을 시적인 문장으로 설명하고 있다. 이 책은 서양 문명
의 근원인 기독교적 질서를 부정하면서 근현대의 철학자, 시인, 작가들에게 큰 영향을 끼
쳤다.

Chapter 9

악령에 붙들린 자들

도스토옙스키
Dostoevsky

인구 3000만 중에 2000만이 농노의 신분으로 살다 죽는 차르 치하의 러시아. 러시아의 대문호 도스토옙스키가 살았던 현실이다. 혁명의 불씨는 조용히 타들어가고 있었고, 도스토옙스키는 혁명 조직에 가담했다가 사형을 선고받는다. 총살 직전에 극적으로 살아난 도스토옙스키가 후배 혁명가를 모델로 집필한 소설이 바로 《악령》이다.

그가 말한 '악령'이란 과연 무엇이었을까? 러시아 전역을 떠들썩하게 했던 '네차예프 사건'은 어떤 것이었을까? 1970년대 한국 사회에서는 또 어떤 일이 일어났을까?

역사는 반복되는 것이라는 착각마저 불러일으키는 기이한 감정, 19세기 러시아와 20세기 한국의 연결고리를 《악령》은 감추고 있다.

때려죽인다고 해도 흔적이 보이지 않는군.

길을 잘못 들었어, 이제 어떡한담.

아무래도 악령이 우리를 들판으로 내몰아서

사방을 헤매게 만드나 봅니다요.

– 알렉산드르 푸슈킨, 〈악령〉

　나폴레옹이 모스크바를 휩쓸고 지나간 10년 후인 1821년 러시아 모스크바에서 한 아기가 태어난다. 훗날 러시아의 대문호로 존경받을 표도르 도스토옙스키가 바로 그 아이다. 그리고 그 아이가 네 살 때, 이후 100년 동안 진행될 역사의 경로를 예고하는 사건이 발생한다. 프랑스혁명의 이념을 추종하는 젊은 러시아 장교들이 러시아 인민의 자유와 평등을 위해 혁명을 일으킨 것이다. 1825년 러시아 황제 알렉산드르 1세가 죽고 니콜라이 1세가 왕관을 이어받는 즉위식에서 24세의 청년 장교 파벨 페스텔은 쿠데타를 감행했다. 쿠데타 주동자 다섯 명은 바로 체포되어 처형되었고 동조자 300여 명은 머나먼 시베리아

For People
With People

이르쿠츠크로 유배되었다. 이렇게 하여 데카브리스트의 난은 진압되었으나 젊은 장교들이 뿌린 혁명의 홀씨는 러시아 전역으로 흩어져 날아갔다. 도스토옙스키는 차르 치하 러시아의 압제를 다음과 같이 고발했다.

"여러분! 20년 전, 문학은 검열 기관에서 근무했으며 대학에서는 교련을 가르쳤습니다. 민중은 세금을 바치며 농노제의 채찍 밑에서 입을 꾹 다물고 있었습니다."

인구 3000만 중에 2000만이 농노의 신분으로 살다 가야 하는 참담한 현실이 바뀌지 않는 한, 혁명의 불씨는 이곳저곳에서 끊임없이 튀어오를 수밖에 없었다. 현실의 구차한 이해관계에서 때 묻지 않은 젊은이들은 "사람들에게 행복을 가져다주기 위해서는 수백 수천 명의 목숨을 내놓아도 좋다. 인간을 구제할 새로운 사회는 혁명에 의해서만 세워질 수 있다"라고 선언한 벨린스키의 혁명적 노선을 따라 새로운 사회를 여는 모험에 도전하게 된다. 28세의 도스토옙스키가 페트라솁스키 서클의 일원이 되어 프랑스 사회주의 사상에 매료되었던 것도 모두 이 해결되지 않은 역사의 과제 때문이었다.

사형대 위에 선 젊은이

1840년대 러시아의 젊은 지식인들은 유독 프랑스 사회주의에 관심이 많았다. 유토피아 계열의 프랑스 작가들이 미친 영향은 가히 세계적이었다. 물론 프랑스 유토피아 사상의 선구는 "모든 사물은 창조주에 의해 아름답게 만들어지지만 인간의 손에 의해 훼손된다"고 보았던 루소였다. 이어 생시몽은 '인류의 우애'를 선언하여 새로운 사회주의적 종교를 만들려 했고 상드 같은 작가는 사회적 불평등에 대한 의식을 일깨웠다. 푸리에는 사회의 이상적인 단위는 1500명의 '공동체'여야 한다고 선언하며, 병영과 전원도시의 장점을 결합한 공동 주택에서 살아야 한다고 역설했다.

도스토옙스키가 가담한 이념 서클의 조직가는 페트라솁스키였다. 그는 매주 자기 집에 친구와 동조자를 불러 모으기 시작했다. 회원들은 매주 금요일에 차를 마시고 줄담배를 피워가며 금서를 교환하고 밤늦게까지 토론을 했다. 그들은 출판의 자유, 노예 해방, 가족제도의 폐지, 이상 국가의 수립 등에 대해서 토론했다. 그런데 1848년 2월 파리에서 혁명의 불길이 솟아올랐다. 프랑스에서 일어난 혁명은 루이 필리프 정권을 전복시켰고 이후 혁명의 영향은 중부 유럽으로 급속하게 번졌다. 차르 니콜라이 1세는 불안했다. 러시아 경찰은 페트라솁스키 서클을 음모의 소굴로 간주하고 비밀리에 감시했다.

1849년 서클 회원들은 푸리에 탄생일을 기념했다는 이유로 일제히 검거되었다. 주지하다시피 도스토옙스키 역시 페트라솁스키 사건에 연루되어 사형 선고를 받았다. 총살 직전에 황제의 특사로 감형된다. 이때 겪은 전율은 도스토옙스키라는 작가의 의식에 깊은 자국을 남겼다. 사형 선고문이 읽혔고 사제는 참회를 말하라고 했으며 죄수들은 형장의 기둥에 묶여 있었다. 이때 아슬아슬하게 황제의 사면장이 전해졌고 죄수들은 감옥으로 되돌려 보내졌다고 한다.

1869년 여름 도스토옙스키는 유럽 여행을 마치고 드레스덴으로 돌아와 당시 모스크바 농과대학 학생이었던 부인의 남동생을 만났다. 도스토옙스키는 처남에게 당시 모스크바 대학 학생운동의 내밀한 소식을 건네 듣는다. 무정부주의자 바쿠닌을 지지하는 네차예프가 다가올 혁명을 위해 학생들을 조직하기 시작했다는 것이다. 그리고 그해 여름에 러시아 전역에서 선전 활동을 전개하고 이듬해 봄에 혁명을 일으킬 예정이라는 것이다.

그런데 11월 21일 네차예프와 그의 세 친구가 이바노프라는 동료 학생을 농과대학 숲에서 살해하고 그 시체를 연못에 던져버린 사건이 신문에 보도되었다. 이 다섯 명은 5인조 혁명 조직을 구성하여 활동했는데, 이바노프의 열의가 점차 식어가는 걸 눈치 챈 동지들이 네차예프의 지휘 아래 그를 죽인 것이었다. 네차예프 자신은 스위스로 도주했고 그의 세 공범은 네차예프 조직의 다른 많은 회원들과 함께 체포되어 1870년 7월 페테르부르크의 재판에 회부되었다.

도스토옙스키는 네차예프 사건을 통해 자신의 청년 시절을 되돌아보았다. 1860년대에 활동한 네차예프 같은 혁명가들은 1840년대에 페트라셉스키 서클에 모였던 젊은 이상주의자들의 이념적 후예들이었다. 다시 말해 1860년대의 네차예프파는 1840년대의 페트라셉스키파가 낳은 사상적 자식이었다. 이렇게 하여 네차예프 사건은 도스토옙스키라는 위대한 문호의 상상력에 의해 《악령》이라는 작품으로 재탄생한다.

《악령》의 탄생

도스토옙스키는 자유주의적 지식인 스테판 베르호벤스키를 앞세워 《악령》의 서두를 연다. 아랍 문화와 중세 유럽 역사에 일가견을 갖춘 지식인이자 문학평론가인 53세의 중년 남성 스테판은 1840년대 한때 혁명적 이념에 심취했던 자유주의자들을 대표한다. 한편 그의 아들 표트르와 제자 스타브로긴, 그리고 스타브로긴의 동료이자 이념적 분신인 샤토프와 키릴로프는 모두 1860년대의 혁명주의자들을 대표한다. 다시 말해 《악령》은 스테판 베르호벤스키로 대변되는 1840년대의 1세대 혁명가들과 표트르 스테파노비치와 그의 일당으로 대변되는 1860년대의 2세대 혁명가들의 이야기다. 작중인물 표트르 스테파노비치 베르호벤스키야말로 네차예프의 분신인 것이다.

홀아비 스테판에게 아들 표트르가 있듯이, 스테판의 친구이자 후원자이며 정인(情人)인 과부 바르바라에게도 아들 스타브로긴이 있어, 이 부자와 모자 넷이 《악령》의 서사를 이끌어가는 중심인물이 된다. 이제부터 《악령》의 인물들을 하나씩 무대 위로 호출해보자. 《악령》 제1장은 스테판 베르호벤스키의 전기를 이렇게 소개한다.

그는 자신의 '박해받는', '유형(流刑)의' 상황을 굉장히 사랑했다. 이 두 개의 단어 속에는 일종의 고전적인 광채가 들어 있었다. 그는 외국에서 돌아온 40년대 막바지에 이미 대학 강단에서 강사로서 휘황찬란한 광채를 뿜어냈다. 아랍 문화를 강의했고, 한자동맹의 의의를 열렬히 전달했으며, 디킨스의 소설까지 비평했다.

스테판이 심취했던 푸리에는 프랑스의 유명한 공상적 사회주의자였다. 푸리에는 인간이 정부의 간섭이 없는 자연 상태에서 조화롭게 살 수 있다고 주장했다. 그는 이상적인 공동체의 규모를 1500명 정도로 제안했고 이 공동체를 팔랑주라고 불렀다. 이곳에서 노동은 자발적으로 이루어지며, 생산물은 팔랑주가 소유한다. 푸리에의 이념에 따라 1841년 미국의 조지 리플리가 보스턴 근처에 브룩 농장을 세웠다. 브룩 농장은 1847년까지 존속했으나 미국 내의 다른 팔랑주들은 평균 2년을 넘기지 못하고 모두 파산했다. 에머슨과 소로 등 19세기 초·중반 미국에서 활약한 초월주의자들은 모두 푸리에주의자라고 할 수 있다. 다음으로 스테판의 애인인 바르바라를 무대 위로 불러보자.

군 중장의 부인이자 엄청난 부자인 바르바라 스타브로기나가 스테판에게 외아들의 모든 교육과 지적인 발달을 맡아달라는 제안을 해왔다. 스테판이 가정교사 자리를 받아들이기로 한 것은 조용한 연구실에 틀어박힌 채 학문의 과업에 투신하여 조국의 문학을 풍요롭게 만들 수 있기 때문이었다. 그는 카드 노름을 끔찍이도 좋아해서 특히 최근 들어서는 바르바라와 불미스러운 충돌까지 빚곤 했는데, 그래도 세심한 바르바라는 평생 동안 그를 보호해주었다. 그녀는 고전주의자이자 문학 애호가였다. 이 고귀한 부인이 20년 동안 자신의 불쌍한 친구에게 미친 영향은 실로 막대한 것이었다.

스테판과 바르바라는 어떤 사이인가? 우선 스테판은 바르바라의 외아들인 스타브로긴의 가정교사다. 이때의 가정교사는 오늘날의 아르바이트 대학생 같은 것이 아니다. 유럽 귀족들은 전통적으로 자녀 교육을 걸출한 학자들에게 맡겨왔다. 고대의 아리스토텔레스도 가정교사였고 근대의 애덤 스미스도 가정교사였다. 그러니까 바르바라는 아들의 교육을 스테판에게 일임한 학부모인 동시에 스테판의 문학평론을 이해할 줄 아는 몇 안 되는 애독자였다. 이처럼 복합적인 남녀 관계는 필연적으로 애정 관계로 비화하게 되어 있다.

바르바라에게 스테판은 어떤 존재인가? 아무런 격의 없는 친구이면서 진심으로 존경하는 선생이다. 늘 질투와 경멸을 느끼면서도 옆에 붙들어놓아야만 직성이 풀리는 그런 존재이기도 했다. 《악령》에 등장하는 두 사람의 애정 행각을 볼 때 두 사람의 사랑은 일종의 플라토닉 러브였던 것 같다. 그리고 이 플라토닉 러브는 두 연인의 적극적 선택이 아니라 내향적 성격에 기인하는 망설임과 주저 탓이었을 것이다.

바르바라의 주위에는 진보적 지식인을 자처하는 젊은이들이 맴돌고 있었다. 19세기 러시아에서 자유주의는 무신론과 통했고 무신론은 가장 과격하고 불온한 사상이었다. 어떤 목적도 갖고 있지 않은 자유주의자들은 오직 러시아에만 존재하는 사회적 현상이었다. 그들에게는 한없이 순진무구하고 자유분방한 수다만이 있을 뿐이었다. 바르바라는 그들의 정체를 잘 알지 못했으나 젊은이들은 바르바라의 주위를 배회했다. 자유주의자들의 모임에서 가장 오래된 회원은 현(縣)의 관리 리푸친이다. 그는 도시에서 무신론자로 통하는 대단한 자유주의자였다. 바르바라는 그를 좋아하지 않았지만 리푸친은 언제나 그녀의 비위를 맞출 줄 알았다.

엄밀히 말하자면 리푸친은 공상적 사회주의자였다. 푸리에의 팔랑주를 동경하며 이상주의를 꿈꾸는 젊은이였다. 그런데 가족에게는 폭군이며, 먹다 남은 음식 찌꺼기와 양초 도막조차도 자물쇠로 잠가 보관하는 수전노였다. 대단한 역설이다. 어떻게 입으로는 사회주의를 떠들면서 양초 도막까지 자물쇠로 잠가 보관하는 인간이 있을 수 있단 말인가? 아내의 돈을 사취하면서 사회주의 공화국을 만들자고 떠드는 이 이중적인 인간을 우리는 어떻게 이해해야 할까? 도스토옙스키는 묻는다.

"이 모든 사회주의자들이 동시에 대단한 구두쇠이며 치부에 눈이 어두운 자본가인 것은 도대체 무엇 때문인가요? 그가 더 철저한 사회주의자가 될수록 더 철저한 자본가가 되는데, 도대체 무엇 때문에 그런 걸까요?"

리푸친의 이중성은 그에게서만 볼 수 있는 독특한 성격이 아니다. 입으로는 만인을 위한 고매한 이념을 떠들면서도 손으로는 지독하게 이기적인 수전노와 같은 행동을 하는 리푸친의 위선은 자신의 지식을 과시수단으로 사용하는 인간들에게서 흔히 발견되는 특성이다. 사회주의라는 진보적 이념과 지독히 자기중심적인 과시욕의 공존이 꼭 혁명운동권에서만 발견되는 현상도 아니다.

다음으로는 샤토프라는 젊은이를 호출해보자. 아마 바르바라에게 도시의 젊은이들을 연결해준 고리는 그녀의 하인인 샤토프였을 것이다. 샤토프는 누구인가?

바르바라는 고작 작년에야 모임의 회원이 된 샤토프도 좋아하지 않았다. 샤토프는 학생운동에 연루되어 대학에서 제명되었다. 그는 바르바라의 하인으로 태어나 그녀의 보살핌을 받았다. 바르바라가 그를 싫어한 것은 그의 오만함과 배은망덕 때문이었다. 샤토프는 오랫동안 혼자 유럽을 방랑하며 길거리에서 구두를 닦고 무슨 부두에서는 짐꾼 노릇을 했다는 소문도 있었다. 외국에 있는 동안 샤토프는 이전에 가졌던 사회주의적 신념 중 어떤 것들을 과격하게 바꿔서 정반대되는 극단으로 껑충 뛰어가 버렸다.

이러한 작가의 서술에 따르면 샤토프와 바르바라의 관계는 그다지 원만하지 못했을 듯하다. 원래 주인은 본능적으로 종에 대한 우월감과 지배욕을 느낀다. 천한 종인 주제에! 그런데 종이었던 샤토프가 갑자기 진보적 사상의 소지자로 등장한 것이다. 그러니 바르바라가 샤토프를 보며 배신감을 느끼는 것은 필연적이었다. 무엇보다도 진보적인 사상이란 주인에 대한 적개심을 충동질하지 않던가? 리푸친과 샤토프 말고도 야회(夜會)에는 또 다른 젊은이들이 출입하고 있었다. 표트르 5인조의 일원으로 암살에 가담하는 비르긴스키와 럄신이 그들이었다. "그러다가 너무 지겨워지면 피아노를 아주 잘 치는 유대인 럄신이 연주를 하기도 했고, 술을 너무 많이 마신 경우에는 다들 황홀경에 빠져들기도 했는데,

람신의 반주에 맞춰서 〈라마르세예즈〉를 합창하기까지 했다."

1860년대 러시아 진보적 지식인들의 향연을 지배하는 관념은 무엇이었을까? 그것은 새로운 세계에 대한 열광이었고 이념에 대한 관념적 열정이었다. "나의 벗들이여, 이 모든 슬라브주의와 민족성은 새로운 것이 되기엔 너무나도 낡았어요. 우리나라에서 민족성이란 지주 귀족의 클럽, 더욱이 모스크바 클럽 내부에서의 음모로만 나타날 뿐입니다. 우리는 스스로의 노동으로 살아갈 능력이 없습니다. 일을 합시다. 난 벌써 20년째 경종을 울리면서 노동으로 나가자고 외치고 있습니다!" 스테판이 말하는 러시아적 민족성은 몰락하는 러시아 귀족의 민족성이었다. 그 민족성은 러시아 지주계급의 정신적 상태를 말해주고 있었다. 그들은 농노에 대한 의존에서 벗어날 수 없는 운명이었다. 그래서 '일을 하자'며 스테판이 호소할 때 젊은이들은 이 노신사를 비웃는다.

"그들은 자신의 민중을 사랑할 줄 알았고, 민중 때문에 고통받을 줄 알았으며, 민중을 위해 모든 것을 희생할 수 있었습니다"라고 스테판이 말하자 바로 이 순간 샤토프가 나섰다. "당신의 그 사람들은 결코 민중을 사랑하지 않았습니다. 민중을 위해 고통받지도 않았고 민중을 위해 희생한 것도 하나 없어요."

샤토프에 의하면 1840년대 러시아 인민주의자들은 민중을 사랑하지도, 민중을 위해 고통받지도 않은 관념적 지식인이었다. 이를 한국의 현대사에 대입하면 1970년대 민주주의를 외친 지식인들은 민중을 사랑하지도, 민중을 위해 고통받지도 않은 관념적 지식인에 불과했다는 식의 비판이 성립한다. 파울루 프레이리는 《페다고지》에서 민중을 위해(for people) 투쟁한다는 생각을 버리고 민중과 함께(with people) 투쟁하라고 고무했는데, 그 당시 우리가 그의 제안을 감동적으로 맞이했던 까닭은 우리 역시 '말'로만 민중을 떠들었지, 민중이 누구인지, 어떤 삶을 살고 있는지 모르고 있었기 때문이다. 마치 젊은이가 자신의 머릿속에서 가공의 연인을 짝사랑하듯, 1970년대 한국의 진보적 지식인들도 머릿속에서 가공의 민중을 사랑했다고 할 수 있을 것이다.

《악령》은 1860년대 러시아의 이야기다. '브나로드'를 외치며 민중 속으로 들어간 러시아 인민주의자들 역시 그러했다는 것이다. 그들은 민중이 누구인지 알지 못했다. 그들이 민중을 외친 것은 그들이 머릿속에서 구상한 혁명이 민중을 필요로 했기 때문이다. 그들이 심취한 것은 민중의 삶과 고통과 애환이 아니었다. 19세기 러시아 지식인의 머리를 가득 채우고 있었던 것은 프랑스혁명이었고 파리에서 불린 혁명가 〈라마르세예즈〉였다. 럄신은 피아노 반주와 함께 혁명가를 불렀다.

"일어서라 조국의 젊은이들, 영광의 날은 왔다. 자아, 진군이다. 놈들의 더러운 피를 밭에다 뿌리자"라고 〈라마르세예즈〉는 노래한다. 혁명과 피는 젊은이들의 심장을 뜨겁게 한다. "왜 찔렀지, 왜 쏘았지, 트럭에 싣고 어딜 갔지?" 우리도 이렇게 광주의 비극을 노래했던 적이 있었다. 19세기 러시아의 혁명운동과 20세기 한국의 혁명운동은 모두 프랑스혁명이 뿌린 씨앗들이었다.

허무주의자와 무신론자
———

바르바라가 애착을 갖고 있는 인물이 또 하나 있었다. 바로 그녀의 외아들 스타브로긴이다. 스테판에게는 제자 스타브로긴이 자신을 잘 따르도록 만드는 능력이 있었다. 오랜 세월이 지난 후 다시 만난 스승과 제자는 서로의 포옹 속에 몸을 던진 채 엉엉 울었다. 소년은 어머니가 자신을 매우 사랑한다는 것을 잘 알고 있었지만 그 자신은 어머니를 그다지 사랑하지 않았다. 작가는 왕자가 우리 도시에 나타났다고 썼다. 스타브로긴은 스물다섯 살쯤 되는 매우 아름다운 젊은이였다.

우리의 왕자는 이렇다 할 이유도 없이, 갑자기, 여러 인물들에게 도저히 있을 법하지 않은 두세 가지의 뻔뻔한 짓을 행했다. 전적으로 어떤 동기도 없이 말이다. 스타브로긴은 갑자기 가가노프에게 다가가더니 전혀 예기치 못하게, 그렇지만 아주 억세게 손가락 두 개로 그의 코를 움켜쥐고는 홀 안을 두세 걸음 정도 질질 끌고 다닌 것이었다.

《악령》을 통해 도스토옙스키가 창조한 가장 독특한 인물이 스타브로간이다. 그는 확실히 비범한 인물이다. 그는 일상의 관습 너머에 사는 인물이었고 범인(凡人)들의 행동을 규제하는 선악을 초월한 인물이었다. 하지만 시도 때도 없이 자신의 사적 감정을 분출하는 파렴치한과는 전혀 다른 의지의 사나이였다. 니체가 소리 높여 외친 초인, 그것의 현현이 스타브로긴은 아니었을까? 실제로 니체는 "도스토옙스키는 내가 무엇인가를 배울 수 있었던 단 하나의 심리학자였다. 그는 내 생애에서 가장 아름다운 행운 가운데 하나다"라고 말한 적이 있다. 상식을 뛰어넘는 스타브로긴의 일탈 행위를 보고 있노라면 선악의 경계가 없는 니체의 초인이 저절로 떠오른다.

스타브로긴의 광기는 단순한 정신병자의 병리적 행태로 볼 수 없는, 이해하기 힘든 독특한 일탈이었다. 도스토옙스키는 스타브로긴의 독특한 행태를 다음 두 사례를 통해 우리에게 보여준다. 하나는 레뱌드키나라는 절름발이 여성과의 관계이고 다른 하나는 가가노프와의 결투다. 두 사례 모두 범상치 않다. 작가는 스타브로긴의 합법적 아내 레뱌드키나를 이렇게 묘사한다.

그녀의 조용하고도 부드러운 회색 눈은 지금도 눈에 띌 만큼 아름다웠다. 카자크의 가죽 채찍이며 오빠의 무자비한 행위에 대해 이미 다 들은 뒤였기 때문에 나는 그녀의 미소 속에 표현된 이 조용하고 평온한 기쁨에 놀라지 않을 수 없었다.

레뱌드키나는 매일 오빠 레뱌드킨에게 채찍으로 맞고 사는, 학대받는 여성이었다. 그런데도 눈부시게 아름다운 참으로 애처로운 여인이었다. 이 병적인 여성이 우리의 왕자 스타브로긴의 합법적인 아내였다.

도스토옙스키의 인물들이 보이는 공통된 특징은 사소한 것에 예민한 반응을 보인다는 것이다. 주인공들은 자신의 감정을 숨기지 않는 순수한 사람들인데, 문제는 감정의 기복이 심하고 기분의 흐름을 제어하지 못한다는 것이다.

스타브로긴은 레뱌드키나가 자신과 결혼식을 올린 합법적 아내임을 만인 앞에서 선언한다. 귀족의 자제로서는 도저히 불가능한 신분 일탈의 선포였다. 어쩌면 극한의 열악한 조건도 감내할 수 있다는 초인적 의지의 표출이었을 것이다. 사랑하는 여인이 가련할수록 더 깊은 사랑의 열정이 솟는 것은 대체 무슨 심리인가?

이 불쌍한 여인 레뱌드키나에게 스타브로긴은 결혼을 신청한다. "내일 우리의 결혼을 공표할 겁니다. 전 결코 당신을 버리지도, 정신병원에 보내지도 않아요. 저한테는 구걸하지 않고 살 만한 돈이 충분히 있어요. 당신에겐 하녀도 생길 거예요. 당신이 원하는 건 모두 다 얻을 수 있을 거예요. 전 당신을 간섭하지 않겠어요."

한 개인의 사익에 대한 철저한 무관심, 개인적 감정과 고통의 완전한 극복, 모든 도덕적·관습적 행태에 대한 경멸 등으로 나타나는 스타브로긴의 예측할 수 없는 성격을 가장 극적으로 드러내는 사건은 가가노프와의 결투였다. 싸움은 사소한 말다툼에서 시작되었다. 중세의 기사도적 삶을 추구하는 가가노프는 스타브로긴의 가벼운 시비에 인격 모독을 느끼고는 사죄를 요청하며 결투를 하자고 밀어붙였는데, 결투가 너무도 쉽게 수락되어버렸다. 바로 다음 날 오후 2시 결투에 들어가기로 합의가 이루어진 것이다. 일이 이토록 급속하게 진행된 것은 가가노프가 어떤 일이 있어도 결투를 해야 한다는 욕망을 누그러뜨리지 않았기 때문이기도 하지만 스타브로긴이 결투를 피하려 하지 않았기 때문이기도 하다. 결투 장소는 슈피굴린 공장 사이에 있는 도시 근교의 조그만 숲이었다. 입회인들은 제비뽑기를 했고 무기는 키릴로프의 권총으로 결정되었다. 가가노프가 먼저 쐈지만 표적을 맞히지 못했다. 그런데 이어지는 스타브로긴의 첫 발사는 허공을 갈랐다.

"저 사람은 고의로 허공에 대고 발사를 했습니다. 이건 또 다른 모욕입니다."
"전 당신을 모욕하고 싶은 마음이 조금도 없습니다."

또다시 각자 자리에 섰고 신호가 떨어졌다. 가가노프는 결투선 끝까지 가서 열두 걸음 떨어진 과녁을 겨냥했다. 정확한 발사를 기대했기에 그의 두 손은 너무도 떨리고 있었다. 스타브로긴은 권총을 아래로 늘어뜨린 채 꼼짝도 않고 서서 그의 발사를 기다리고 있었다. "쏘십시오! 쏘라고요!" 키릴로프가 격렬하게 소리쳤다. 총성이 울려 퍼졌고 스타브로긴의 깃털 모자가 떨어졌다. 스타브로긴은 흠칫 몸을 떨었고 가가노프를 쳐다보다 몸을 돌리더니 숲을 향해 발사했다. 그리고 결투는 끝났다.
여기에서 스타브로긴의 결투 입회인으로 참가한 키릴로프에 대해 알아보자. 아마도 키릴로프는 1860년대 러시아 지식인들 사이에 유행했던 무신론자의 상징이었던 것 같다. 키릴로프는 '삶은 존재하지만 죽음은 없다'는 신념의 소유자다. 시간은 인간이 만들어낸 관념에 불과한 것이란다. 키릴로프는 자신의 무신론과 어울리게 집요한 고독을 추구한다. 도스토옙스키가 《악령》을 통해 만든 가장 창조적인 인물 키릴로프는 사실 스타브로긴의 분신이다. 죽음의 공포를 제압하고 초인이 되려는 키릴로프.

키릴로프의 자살 예찬론을 정리해보자. 모든 사람은 삶을 사랑한다. 그리고 죽음의 공포를 이기기 위해 신을 요청한다. 그렇다면 죽음의 공포를 이긴 사람에게는 신이 필요 없다. 죽음을 초탈한 자는 진정한 자유를 구가한다. 신이 필요 없는 자유인, 그가 곧 신이다. 그리하여 키릴로프는 선언한다.

"신은 죽음의 공포에서 오는 고통입니다. 고통과 공포를 극복하는 사람, 그 사람은 직접 신이 될 겁니다."

아무리 위대한 사상도 그 사상을 낳은 역사와 문명의 모태를 떠나지는 못하는가 보다. 자유를 향한 도스토옙스키의 집요한 추구는 키릴로프의 입을 통해 자살로 이어지지만 그의 영혼을 모태에서부터 키운 러시아 기독교에서 그의 사고는 자유롭지 못하다. 니체의 초인처럼 키릴로프는 인간의 영혼을 지배해온 신을 죽이고 신을 대신하는 초인으로 등극하고 싶어한다. 하지만 키릴로프의 사유는 기독교의 논리 구조를 벗어나지 못한다. 키릴로프의 영혼을 사로잡고 있었던 우상은 십자가에서 죽음을 맞이한 예수였다. 키릴로프의 무의식 속에 잠재된 그의 초인은 십자가의 죽음을 선택함으로써 마침내 죽음을 이긴 예수였다.

악령에 붙들린 무정부주의자

이제 《악령》의 실천적 주인공인 표트르 스테파노비치를 살펴볼 차례다. 도스토옙스키는 네차예프 암살 사건을 신문에서 본 뒤 1840년대를 살았던 자신의 젊은 시절이 1860년대에 그렇게 재연되었음을 직감했을 것이다. 1860년대 유럽은 무정부주의자 바쿠닌의 영향력이 막강하던 시기였다. 마르크스가 국제노동자협회(제1인터내셔널)에서 격렬하게 논쟁했던 혁명의 경쟁자가 바로 바쿠닌이었다. 1867년 《자본론》이 출현한 것도 바쿠닌의 무정부주의가 갖고 있는 모험주의, 주관주의, 비과학적 사고를 격파하려는 의도에서였다고 한다. 네차예프는 바쿠닌의 러시아 행동대장이었다. 도스토옙스키는 그를 표트르 스테파노비치라는 이름으로 《악령》에 출연시킨다. 표트르는 러시아 전역에 5인조 혁명가 그룹을 조직하여 혁명을 선동하는 유인물을 살포한다.

내가 《악령》을 처음 읽었던 때는 1977년 1월이었다. 대학 입학을 앞두고 도스토옙스키의 《죄와 벌》을 비롯해 《백치》, 《악령》, 《카라마조프가의 형제들》을 읽었다. 서울 신림동의 어느 골방에서 나는 라스콜리니코프의 고뇌, 키릴로프의 비명, 이반의 저항을 공유하고 있었다. 깊은 겨울밤 동틀 무렵까지 도스토옙스키의 미친 영혼들에게 붙들려 있었다.

《죄와 벌》을 지나 《악령》을 거쳐 《카라마조프가의 형제들》을 탐독하던 그때는 참으로 행복했다.

돌이켜보면 한국의 1970년대는 100년 전 러시아의 고뇌를 그대로 재현하고 있었다. 한국 청년들은 박정희의 철옹성을 향해 싸웠지만 피를 흘리는 쪽은 언제나 우리였다. 1978년 가을 나는 서울의 빈민촌에 유인물을 뿌리고 다녔다. 봉천동과 신림동부터 미아리의 길음동까지 나의 발걸음이 닿지 않은 산동네가 없었다. 밤 10시부터 뿌리기 시작한 유인물이 손에서 동이 날 때쯤 새벽의 동이 트기 시작했다. 지금 생각하면 아무도 읽지 못할 그 조잡한 인쇄물을 무슨 신명으로 그렇게 뿌리고 다녔는지 모르겠다. 나는 《악령》에 나오는 5인조 혁명가 그룹의 일원처럼 활약하고 다녔던 것이다.

격문이란 그 자체로도 쓸데없는 것이다. 슈퍼굴린 공장의 지배인은 한밤중에 공장으로 던져진 종이 뭉치 두세 개를 입수해 경찰에 넘겼다. 종이 뭉치들은 아직 포장을 뜯지 않은 상태였기 때문에 노동자들 중 그 누구도, 단 한 장도 읽을 틈이 없었다.

나는 유인물 배포조의 일원이었다. 유인물을 성공적으로 배포하려면 인쇄조와 연락조와 배포조, 이 세 조의 유기적 분업 체계가 구성되어야 한다. 인쇄조가 유인물을 찍는 비밀의 거처를 우리는 '공장'이라고 불렀다. 주로 대학생들의 자취방이 공장으로 이용되었다. 주인집의 의심을 사지 않기 위해 유인물 인쇄 책임자는 공부를 열심히 하는 모범생으로 위장한다. 커튼을 치고, 음악을 틀어놓고, 한 장 한 장 제작에 들어간다. 그렇게 밤새 찍은 유인물이 연락원을 통해 배포조에게 전달되는 것이다.

일을 그르칠 경우 맨 먼저 체포되는 것은 배포자다. 배포 요원은 경찰에 붙들리더라도 24시간 동안 다음 약속 장소를 묵비해야 한다. 24시간의 혹독한 고문을 이겨내야만 하는 것이다. 나는 서울의 달동네를 비롯해 대학가 등지에 수만 장의 유인물을 배포했지만 정작 내가 뿌린 유인물을 읽어본 적은 없다. 여기 표트르 스테파노비치가 제작한 〈빛나는 인물〉이라는 유인물이 있다. 한번 읽어볼까.

빛나는 인물

그는 저명한 가문 출신이 아니었다.
그는 민중 사이에서 자라났다.
그는 온갖 고통과 형벌, 고문과 학대를 감수했고
자유와 평등, 그리고 박애를
알리기 위해 나섰다.
그는 채찍과 고문, 망나니의 칼을 피해
감옥을 탈옥하였다.

민중은 반란을 일으킬 태세를 갖추고

스몰렌스크에서 타슈켄트까지

한 대학생을 기다려왔다.

마침내 민중은 앞으로 나아가

봉건제의 종말을 고하였고

차르의 종말을 고하였다.

사유재산제를 폐지하였고

교회와 혼인 제도, 그리고 가족을 폐지하였다.

〈빛나는 인물〉이라는 격문을 작성한 이는 누구인가? 그의 사상적인 경향은 무엇인가? 봉건제 차르의 종말을 고했다는 것으로 보아 그는 자유주의자다. 또 사유재산제의 폐지를 주장한 것으로 보아 사회주의적 신념의 소유자라는 것도 알 수 있다. 여기에서 한 발 더 나아가 교회와 혼인 제도와 가족의 폐지까지 주장한 것으로 보아 영락없는 무정부주의자이기도 하다. 무정부주의는 인간의 모든 제도와 국가 자체를 악의 근원으로 간주하는 매우 급진적인 사상이다.

무정부주의는 일견 아주 매력적인 사상이나 혁명운동을 추동하는 이념으로 채택될 때 자기모순을 드러내기도 한다. 특히 역사에서 혁명가의 역할을 너무 높게 평가하고 민중과의 결합을 간과한다는 점에서 그렇다. 무정부주의의 낭만성을 극복하여 정립된 이념이 곧 마르크스주의다. 우리나라에서도 1920년대 무정부주의적인 성격이 짙었던 의열단이 맹활약을 했는데, 1870년대 러시아에서는 인민주의자들의 비밀 조직이

전국에 퍼졌다고 한다.

그 당시 유럽의 혁명운동을 지휘하던 국제적 조직은 국제노동자협회였다. 이곳에서 마르크스와 바쿠닌은 국제 노동운동의 방향을 둘러싸고 논쟁을 벌였던 것이다. 그런데 바쿠닌의 무정부주의 세례를 받은 네차예프, 이 실존 인물을 형상화한 표트르 스테파노비치가 《악령》에서 털어놓은 이야기는 심상치 않다.

"우리는 혼돈을 불러일으킬 겁니다. 우리는 모든 것을 근본에서부터 뒤집어엎는 그런 혼돈을 불러일으킬 겁니다. 모든 회원들은 하나같이 서로를 감시하고 밀고할 의무가 있어요. 첫 번째 과업은 교육, 과학, 재능의 수준을 낮추는 겁니다. 과학과 재능의 고도의 능력은 필요 없어요! 노예들은 평등해야 합니다. 세계엔 오직 복종만이 부족하거든요. 교육에 대한 욕망 자체가 이미 귀족적이죠. 우리는 음주와 유언비어, 밀고를 퍼뜨릴 것이고, 전대미문의 방탕을 퍼뜨릴 것이며, 온갖 천재들을 구워삶아서 어린애처럼 만들 겁니다."

"우리는 혼돈을 불러일으킬 겁니다"라고 선언하는 표트르의 무정부주의적 발언이야 우리가 쉽게 이해할 수 있다. 기존의 모든 제도를 파괴하는 것이 무정부주의자들에게는 인간이 자유로운 삶을 누리는 유일한 방도이기 때문이다. 그런데 평등이란 노예들의 평등이며, 필요한 것은 오직 복종뿐이라는 발언이 표트르의 입에서 나오다니 어안이 벙벙하다. 민주주의와 평등을 노예의 덕목이라고 비꼰 사람은 니체인데, 니체의 귀족주의가 무정부주의 내에도 있었다니…… 히틀러와 스탈린은 결국 동일한 시대가 낳은 역사의 쌍생아였단 말인가?

"우리는 음주와 유언비어, 밀고를 퍼뜨릴 것이고, 전대미문의 방탕을 퍼뜨릴 것이며, 온갖 천재들을 구워삶아서 어린애처럼 만들 겁니다"라는 표트르의 선언 그대로 스탈린의 비밀경찰은 밀고를 조직화의 원리로 충실히 이용한 전체주의의 작동 기제였다! "노예들에게는 통치자가 있어야 됩니다"라고 선언한 표트르의 말 그대로 1930년대의 러시아, 특히 집단농장은 '악령'이 지배하는 병영이었다. 도스토옙스키는 60년 후 러시아에서 실현될 전체주의 체제를 예견하기라도 했단 말인가? 그런데 다른 한편으로 스타브로긴 앞에 선 표트르는 지극히 연약한 허무주의자다.

"난 허무주의자이지만 미를 좋아해요. 난 우상을 좋아한다고요! 당신은 나의 우상입니다. 당신은 태양이고 난 당신의 버러지에 불과해요. 당신이 없으면 나는 파리이고, 유리병 속에 든 이념이고, 아메리카 없는 콜럼버스입니다."

"세계를 정당화하는 것은 미다"라고 말한 니체의 언명을 떠올리면서 "난 허무주의자이지만 미를 좋아해요"라는 표트르의 고백을 음미해보자. 허무주의자에게는 자신의 삶을 정당화해줄 아무런 가치가 없다. 아들도 허무주의자, 아버지도 허무주의자다. 스테판은 이렇게 절규했다.

"하지만 저는 셰익스피어와 라파엘로가 농노해방보다 더 고귀하다는 것을 선언하는 바입니다! 영국인이 없어도 인류는 여전히 살 수 있고 과학이 없어도 인류는 살 수 있지만 미가 없으면 살 수 없습니다."

도스토옙스키가 이 작품을 통해 말하려고 한 '악령'이란 과연 무엇이었을까? 그것은 푸슈킨이 말하듯 "우리를 들판으로 내몰아서 사방을 헤매게 만드는" 어떤 것이다. 스타브로긴을 허무주의로, 키릴로프를 무신론으로, 표트르를 비뚤어진 무정부주의로 내모는 어떤 것은 삶에 논리와 아름다움을 주는 것 같지만 결국에는 거대한 비극으로 빠져들게 만드는 '홀림'이다.

완전한 자유, 그것의 귀결
―――――

1979년 가을 일단의 혁명적 지식인들이 남조선민족해방전선준비위원회(약칭 남민전)라는 타이틀을 달고 신문에 그 얼굴을 내보였다. 정부는 이들이 암약하여 대한민국을 파괴하는 불순분자들의 집단이라고 보도했다. 그런데 그들이 수행한 불순한 행동이란 고작 시내에 유인물 몇 장을 뿌리는 것이었다. 역사는 이들의 음모와는 전혀 관계없이 독재자 박정희의 저격으로 치닫고 있었다. 러시아에서 황제 알렉산드르 2세가 암살된 것은 1881년이었다. 《악령》에 등장하는 무정부주의적 혁명가들에 의한 암살이었다. 《악령》의 마지막은 5인조 혁명가 그룹이 배반한 동료의 시신을 호수에 수장하는 사건으로 끝난다.

샤토프가 갑자기 짧고 절망적인 비명을 질렀지만 그가 마냥 비명을 지르도록 내버려두진 않았다. 표트르 스테파노비치는 정확하고 단호하게 그의 이마로 권총을 가져가 총구를 바싹 붙이고 방아쇠를 당겼다. 그리고 그들은 시체의 두 발과 목에 돌덩어리를 묶기 시작했다.

밤이 끝나가고 있었다. 샤토프를 총살하고 그 시체를 호수에 던져 넣은 5인조는 자신들의 범행을 숨기기 위해 키릴로프의 자살을 유도하고, 키릴로프는 자신이 샤토프를 살해했다는 유언장을 작성해준다. 무신론자인 키릴로프가 무정부주의 혁명가인 표트르에게 던지는 선언이야말로 《악령》이라는 소설의 하이라이트라고 할 수 있다.

"신은 필수불가결한 존재야. 필수불가결하기 때문에 존재해야만 하지. 그러나 신은 있지도 않으며, 있을 수도 없어. 신이 없다면 내가 신이야. 신이 없다면 모든 것이 나의 의지이고 난 자의지를 천명해야 할 의무가 있어. 난 자살을 해야 할 의무가 있지. 내 자의지의 가장 완전한 지점, 그건 내 손으로 자살을 하는 것이니까. 신이 없다는 것보다 더 높은 관념은 없어. 난 불복종과 나의 자유를 입증하기 위해 자살한다."

《악령(Besy)》

《죄와 벌》, 《백치》, 《미성년》, 《카라마조프가의 형제들》과 함께 러시아의 대문호 도스토옙스키의 5대 장편소설로 꼽힌다. 이 작품은 실화인 네차예프 사건을 모티프로 해서 1860년대의 무신론적 혁명 사상을 '악령'으로 보고 그것에 이끌린 사람들의 파멸을 적나라하게 묘사했다. 구소련에서는 혁명을 비방하는 책으로 오랫동안 탄압받았지만 다른 나라에서는 혁명운동에서의 스탈린주의적 경향을 예견한 책으로 높이 평가받았다.

Chapter 10

———

피안으로 건네주는
위대한 노래

싯다르타
Siddhārtha

———

자신의 죽음 앞에서 태연할 수 있는 사람이 얼마나 있을까? 아니, 그렇게 영원히 사라질 존재였다면 애당초 무엇 때문에 태어났을까? 죽음 앞에서 인간은 고뇌할 수밖에 없다.

싯다르타는 관념적이고 현학적인 자들의 말장난을 애당초 좋아하지 않았다. 그는 오직 괴로움에 붙들려 사는 인간의 삶을 자유롭게 하기 위해 설법한 것이다.

"모든 이론은 회색이고 오직 푸르른 것은 저 영원한 생명의 나무"라고 괴테는 말했다. 사람들은 이미 죽어버린 과거의 현실과 이것을 집약한 이론에 얽매이지만 중요한 것은 부단히 변화하는 현실의 움직임을 따라잡고 연구하는 태도다. 하지만 세상 속으로 들어가면 내 것과 네 것을 가르고 다투면서 견고한 아집의 껍데기에 갇힌다. 이제 세상 밖으로 나가보자. 아집을 비우고 세계와 화해하는 마음을 일으켜보자.

윤상원 씨, 이렇게 만나서 참 서로 즐거웠습니다. 좋은 친구였는데 저승에 가서도 좋은 친구가 됩시다. 저승도 요렇게 불평등한 사회라면 거기 가서도 학생운동을 합시다. 저승에서 다시 만나서 좋은 친구가 되자고 그런 이야기를 하는데, 어스름히 동이 터오고, 여름 나무가 흔들리는 모습이 희미하게 보이는 순간, "탕!" 하는 소리가 나는데 "아이고" 하고 상원 씨가 배를 잡고 쓰러져요. 어렸을 적에 영화를 보면 총 맞고도 고향에 있는 부모님한테 말 전해주라고 하잖아요? 그런디 M16 맞아부니까 그냥 정신을 놓아불데요. '아! 여기서 살아야 되나? 죽어야 되나? 도망가야 되나? 우리 애들은 어쩌까?' 하는 생각이 들다가도 우리가 죽는 것은 마찬가지라 한번 결심이 서버리니까 마음이 편하더라고요. 어렸을 적에 봄날 자운영 밭에서 벌들이 윙윙거리고, 저만치에서 황소가 음매 울고, 검정 고무신으로 벌을 잡아가지고 기절시키고, 그런 평화로운 정경이 떠오르더라고요. 계엄군이 여기 바로 앞에 있는데 저쪽에다 이불 깔고 윤상원 씨를 눕혀드렸어요. 글고 총 들고 또 싸웠어요.

– 〈2008년 5·18 민주화 운동 구술 자료〉 중 이양현 씨의 증언

해마다 5월이 오면 살아남은 자들의 번민은 거듭된다. 1980년 5월

26일 만일 내가 광주에 있었더라면 과연 나는 도청으로 달려가 항쟁의 최후를 지켰을까? 빈손으로 왔다가 빈손으로 가는 것이 인생이라지만 타인의 죽음에 대해서는 그렇듯 태연하게 생각하다가도 정작 나의 존재가 사멸한다는 사실을 마주하면 늘 불편하다. 제행무상(諸行無常)이 삼라만상의 법칙임을 알고 있으나 나의 죽음, 나의 소멸만큼은 받아들이기가 어렵다. 그렇게 영원히 사라질 존재였다면 애당초 무엇 때문에 태어났을까? 아니, 왜 인간은 죽음을 의식하면서 불안한 마음을 품는 것일까? 여기, 풀지 못한 삶의 근원적 물음을 싯다르타 앞에 올려본다.

우리는 이미 《철학 콘서트 1》에서 《반야심경》을 읽었다. 이제 《금강경》을 가지고 죽음 앞에 선 인간 실존의 고뇌를 이야기해보자.

고대 인도인의 생사관

이와 같이 나는 들었습니다. 어느 때 부처님께서 거룩한 비구 1250명과 함께 사위국 기원정사에 계셨습니다. 세존(世尊)께서는 공양 때가 되어 가사를 입고 발우를 들고 걸식하려고 사위대성에 들어가셨습니다. 성안에서 차례로 걸식하신 후 본래의 처소로 돌아와 공양을 드신 뒤 가사와 발우를 거두고 발을 씻으신 다음 자리를 펴고 앉으셨습니다.

— 《금강경》, 제1품 〈법회가 열리다(法會因由分)〉 중에서

"이와 같이 나는 들었습니다(如是我聞)"의 주인공은 아난다(阿難陀)다. 싯다르타의 제자들 중 싯다르타의 말을 가장 많이 기억하기로 유명한 다문제일(多聞第一)의 아난다. 그의 전언에 의하면 비구 1250명이 싯다르타의 설법을 들었단다. 오늘날 대학 강단의 인기 강좌도 200명을 넘기 힘든데 1250명이 한곳에서 싯다르타의 설법을 경청했다니 싯다르타는 요즘으로 치면 스타 강사 뺨치는 명성을 누렸음이 분명하다. 우리도 그 한 모퉁이에 자리를 잡자.

기원정사는 죽림정사와 함께 싯다르타가 머문 2대 사찰이었다. 코살라국의 수도인 사위성 밖에 있던 절이라고 한다. 아침에 일어나 밥하고 설거지하는 우리네 일상과는 달리 싯다르타의 제자들은 걸식을 했다. 수행자 1000여 명이 매일 아침 성안으로 들어가 밥을 동냥하는 광경을 상상해보자. 마을 사람들은 그날도 수행자들에게 줄 밥을 마련해놓고 있었을 것이다. "스님, 오셔요." 싯다르타의 제자들은 일곱 집에 들러 밥한 그릇을 동냥했다고 한다. 밥마저 세상에 의지한 것은 일관된 무소유의 실천이었을 것이다. 무엇보다도 수행자들은 밥을 매개로 속세와 다시 만나는 '사회적 실존'을 지속하지 않았을까?

그럼 우리도 이들 무리에 섞여 당시 인도인의 삶과 종교적 전통에 대해 알아보자. 오늘날 한국인의 마음에 가장 널리 새겨진 불교의 이미지는 '윤회'일 것이다. 그런데 윤회는 불교가 창안한 관념이 아니라 고대인도의 전통에서 내려온 인도인들의 상식이었다. 조상에 대한 제사가 유교에 의해 창안된 의식이 아니라 고대인의 오랜 전통이었던 것과 매한가지다.

윤회란 인간이 죽은 후 그가 전생에 지은 행위, 즉 업(karma)에 따라 새로운 모습으로 환생하는 것을 말한다. 윤회 사상은 세 가지 요소로 구성된다. 첫째, 인간은 죽어도 다시 태어난다는 환생 사상이 윤회 사상의 전제다. 다음으로, '심은 대로 거둔다'는 속담처럼 인간은 현생에서 지은 업대로 그 과보를 받는다는 업 사상이 윤회 사상의 도덕적 핵심이다. 마지막으로, 개체 영혼의 근원인 아트만(ātman)이 윤회의 사슬에서 풀려나 우주적 영혼인 브라만(brahman)으로 들어가는 것을 해탈이라 하는데, 이 해탈이 윤회 사상의 목표다. 다시 말하면 아트만은 윤회의 주체이고, 업은 윤회의 동력이며, 해탈은 윤회의 목표다.

불교가 나오기 200~300년 전에 성립되었다는 《우파니샤드》는 윤회 사상의 원조다. 《우파니샤드》는 살아생전에 마음을 잘 닦아 윤회에서 벗어나라고 권고한다. 윤회를 그치려면 욕망이 남아 있지 않도록 마음을 비우는 작업이 필요하다. 버리지 못한 욕망의 끈이 남아 있는 한, 계속 업을 쌓고 윤회한다는 것이 《우파니샤드》의 가르침이다.

《우파니샤드》는 인간의 몸을 세 가지로 보는데, 물질의 몸, 영혼의 몸, 근원의 몸이 바로 그것이다. 물질의 몸은 죽으면 세상에서 사라지

지만 영혼의 몸은 생을 살면서 지은 업을 가지고 윤회의 수레바퀴로 다시 들어간다. 그러니까 윤회의 쳇바퀴를 도는 것은 영혼의 몸이다. 해탈의 순간에는 영혼의 몸도 사라지고 근원의 몸만이 남는다. 윤회의 수

레바퀴를 벗어난 아트만이 브라만으로 돌아가는 것이 해탈이다. 《카타 우파니샤드》는 염라대왕을 만나 죽음의 의미를 따지고 돌아온 용감한 소년 나치케타의 설화를 전한다.

왜 사람은 태어나고 자라고 늙고 병들어 죽는가. 그리고 죽으면 어디로 가는가. 이 물음의 답을 아는 것이 나치케타의 소원이었다. 나치케타의 마음은 두근거렸다. 그는 이 문제의 답을 알아내기 위해 떨리는 것을 애써 참으며 입을 열었다. "저는 세상을 떠난 사람들이 궁금합니다. 어떤 사람들은 죽은 사람의 존재가 그 뒤에도 있다고 하고, 어떤 사람은 없다고 말합니다. 당신에게 지혜를 얻어 이 문제에 대한 궁금증을 풀게 해주세요. 이것이 저의 소원입니다."

이 말을 들은 염라대왕의 표정은 일그러졌다. 그러더니 타이르듯 이렇게 말했다. "그 문제는 신들조차 풀기 힘든 어려운 문제다. 내가 쉽게 설명해줄 수 있는 문제가 아니구나. 나치케타여, 그것 대신에 다른 소원을 말해보렴."

나치케타는 물러서지 않았다. "죽음의 신이여, 신들도 알고 싶어했고 당신도 쉽게 알 수 있는 문제가 아니라 하시니 저는 더더욱 알아야겠습니다. 그처럼 심오한 가르침을 당신 말고 또 누가 줄 수 있겠습니까? 게다가 저에겐 이것 말고 아무 소원이 없습니다."

나치케타가 다시 한 번 단호하게 말하자 염라대왕은 당황했다. 염라대왕은 나치케타에게 무병장수, 금은보화 등 다른 소원을 다 들어줄 테니 제발 죽은 뒤의 문제에 대해서는 묻지 말아달라고 사정했다. 그러나 나치케타는 유혹에 넘어가지 않았다. "죽음의 신이여, 그런 쾌락은 헛된 것입니다. 저는 죽음에 관한 가르침 말고 원하는 게 없습니다. 저 나치케타는 이것밖에는 아무것도 여쭐 것이 없답니다."

염라대왕은 대답을 망설였다. 죽음의 신비는 함부로 아무에게나 발설할 수 있는 내용이 아니었다. 왜냐하면 죽음의 진실은 이해하기도 어려울 뿐만 아니라 잘못 이해하면 죽음이나 영혼 같은 문제에 지나치게 몰두하게 되기 때문이다. 하지만 자기 생각이 너무도 분명한 나치케타에게 염라대왕은 결국 대답을 해주기로 했다. 아직 어린 나치케타가 염라대왕의 대답을 이해할 수 있을지는 알 수 없었다. 염라대왕은 걱정과 기대, 불안과 희망이 뒤섞인 복잡한 심정으로 대답하기 시작했다.

"소리가 없고, 촉감이 없으며, 형태와 맛과 냄새도 없으니 그는 불멸의 존재로다. 시작이 없고 끝이 없고 초월적이며 지극히 안정된 이 아트만을 알게 되면 그 순간 죽음의 어귀에서 풀려난다."

나치케타는 염라대왕의 입에서 나온 말들을 제대로 이해하지 못했다. 그러자 염라대왕은 하나하나 다시 설명했다.

"아트만이라는 말은 자기의 참모습을 말한다. 사람의 참모습은 죽지 않는 영원한 존재다. 그런데 사람들은 이 참모습을 모른 채 살고 있다. 일상생활에서는 아무런 단서도 잡을 수 없기 때문이다. 그래서 영원히 죽지 않는 자신의 본래 자리로 가지 못한 채 태어나 자라고 늙고 죽기를 반복한다. 진정한 참모습을 알 때 사람은 드디어 죽음이 아닌 영원한 생명을 갖게 된다."

나치케타는 혼란스러웠던 머릿속이 정리되는 느낌을 받았다. 사람은 몸이 죽는 것으로 끝나는 것이 아니다. 몸이 없어도 존재하는 참모습이 있다. 이 참모습을 깨닫지 못하면 다시 다른 몸을 입고 세상에 태어나기를 반복한다. 이것이 윤회다. 윤회를 벗어나기 위해서는 자기 자신의 참모습을 깨달아야 한다.

시간이 흐르는 것도 잊은 채 둘은 계속 묻고 답했다. 염라대왕은 나치케타가 죽음과 영원한 생명의 심오한 진실을 깨달을 수 있도록 최선을 다했다. 나치케타는 제사를 통해서는 죽음을 건너 영원에 도달할 수 없다는 사실과 아무나 알 수 없는 죽음의 비밀까지 알게 되었다. 나치케타는 아버지에게 돌아갔다.

싯다르타의 혁명적 사유

여기서 중요한 것은 고대 인도인들의 사유 방식과 붓다의 사유 방식이 갖는 차이다. 앞서 나치케타의 이야기에서 확인했듯이, 고대 인도인들은 사후의 인간 존재에 대해 맹렬하게 탐색했다. 과연 인간은 몸의 죽음과 함께 사멸하는가? 나의 몸이 죽은 후 영원히 존재하는 나의 진정한 실체가 있는가?

고대 인도인들은 '나의 실체는 있다!'고 생각했다. 자아의 근원적 실체인 아트만이 바로 그것이다. 아트만은 브라만의 개체적 표현이다. 그들은 생명의 보편적 실체인 브라만이 있으며 생명의 개별적 실체인 아트만이 있다고 생각했다.

그런데 그 장구한 고대 인도의 전통적 사유에 대항하여 '나의 실체는 없다'고 선언한 젊은이가 등장했다. 자아란 본디 없는 것이며, 자아의 근원적 실체도 없다는 것이다. 도리어 자아란 무명(無明)의 때로 보게 된 '헛것'에 불과하단다. 자아도 없고, 영원하고 보편적인 그 무엇도 없다! 바로 이것이 붓다가 개척한 혁명적 사유다. 자아에 대한 일체의 상을 버려라.

불교는 사견(邪見)을 버리고 정견(正見)을 얻어 탐욕과 집착 없이 살아가는 길을 가르치는 종교다. 나의 죽음에 대해 불안을 느낀다는 것, 이는 삶에 대한 태도가 잘못되어 있음이 드러난 것이다. 불교의 가르침에 따르면 '나는 죽는다'라는 명제는 바르지 못한 생각을 표현한 것이다. 도대체 내가 죽는다는 이 명백한 사실 중 어디에 잘못이 있다는 것인가?

소크라테스에 따르면 죽는 것은 나의 몸일 뿐, 나의 영혼은 죽지 않는다. 나의 실체는 곧 나의 영혼이다. 나의 몸은 나의 영혼이 잠시 거처하는 공간일 뿐이다. 영혼불멸설의 신봉자 소크라테스에 의하면 죽음은 욕망 덩어리인 몸에서 나의 영혼이 자유로워지는 사건일 따름이었다. 그런데도 사람들이 죽음 앞에서 불안을 느끼는 것은 '나'의 실체를 몸으로 착각하여 발생하는 오류다. 소크라테스는 이 점을 역설했다.

우리 몸을 자동차에 비유하여 한번 생각해보자. 지금 나의 자동차는

씽씽 고속도로를 질주하지만 언젠가는 폐기 처분될 것이다. 더 이상 도로를 달리지 못하고 폐차되는 것을 죽음이라고 치자. 그런데 여기에서 소크라테스는 자동차와 운전자를 구분한다. 자동차가 나의 몸이라면 운전자는 나의 영혼이다. 자동차는 폐기되더라도 운전자는 또 다른 차로 갈아타는 것이 아닌가? 따라서 죽음 앞에서 불안을 느끼는 것은 육체의 소멸을 영혼의 소멸로 잘못 생각한 데서 오는 오류라는 것이다.

그런데 붓다는 한 발 더 나아간다. 붓다에 따르면 애당초 몸이건 영혼이건 '나'의 '개체적 실체' 자체가 존재하지 않는다는 것이다. 왜 '실체가 없는 나'를 '실체가 있는 나'로 생각하는가? 그것은 망집 때문이다. '나는 죽는다'라는 생각은 존재하지 않는 '나'의 실체를 존재하는 것으로 착각한 망집일 뿐이다.

다시 자동차에 비유하여 이야기해보자. 붓다에 따르면 자동차를 몰고 다니는 운전자가 '진짜 나'라는 소크라테스식의 생각도 망집이다. 자동차도 운전자도 모두 '나'가 아니다. 천지간에 '나'라는 것이 없는데, 자꾸 '나'라는 '개체적 실체'가 존재한다고 생각하여 여기에 집착하는 데에서 모든 그릇된 생각이 비롯된다는 것이다. 만일 붓다의 견해대로 자동차와 운전자 모두 '나'가 아니라면 자동차의 폐기나 운전자의 사멸은 '나'의 죽음과 무관하다.

다음 설법을 들어보자.

"아난다여, 이 연기(緣起)의 도리는 참으로 어려운 것이다. 중생들이 번뇌의 세계에 있는 것도 연기의 도리를 모르기 때문이다."

"아난다여, 노사(老死)의 연은 무엇이냐 하면 생(生)이다. 생은 유(有)에 의거하고, 유는 취(取)에 의거하며, 취는 애(愛)에 의거하고, 애는 수(受)에 의거하며, 수는 촉(觸)에 의거하고, 촉은 육처(六處)에 의거하며, 육처는 명색(明色)에 의거하고, 명색은 식(識)에 의거하며, 식은 행(行)에 의거하고, 행은 무명(無明)에 의거하여 생한다."

"아난다여, '아(我)'를 실체로 보는 것이 잘못이다. '아'는 갖가지 인연에 의해 나타나는 것일 뿐이다. '아'에 대한 잘못된 견해를 버리면, 그 어떤 것에도 집착하지 않고 미혹을 여의고 깨달음에 들어가는 것이다."

이 연기설이야말로 보리수나무 아래에서 명상하던 싯다르타의 마음에 떠오른 불교의 최고 진리다. '나'란 갖가지 인연에 의해 나타난 것이라는 이 진리는 왜 그토록 이해하기가 힘든 것일까?

가만히 생각해보자. 나는 어디서 왔나? 어머니 배 속에서 왔다. 어머니는 나를 어떻게 만들어냈나? 나는 어머니가 드셨던 겨울의 감귤에서 왔고, 여름의 참외에서 왔으며, 한 그릇의 설렁탕에서 왔다. 그러면 나는 또 어디로 가나? 명을 다하면 나는 숨이 멎을 것이다. 몸이 땅에 묻히면 벌레들의 먹이가 되어 수만의 꽃과 나무의 일부가 될 것이다.

이렇게 들을 때는 그럴듯하지만, 돌아서면 나는 다시 '나'를 세계의 중심으로 생각하고 기획하고 상상하고 판단하고 음모하고 계산한다. 어떻게 해야 이 무명에서 벗어날 수 있단 말이냐?

피안에 이르는 길

그때 대중 가운데 있던 수보리 장로가 자리에서 일어나 공손히 부처님께 여쭈었습니다. "세존이시여! 가장 높고 바른 깨달음을 얻으려는 선남자 선여자는 어떻게 살아야 하며, 어떻게 그 마음을 다스려야 합니까?"

 — 《금강경》, 제2품 〈수보리가 법을 청하다(善現起請分)〉 중에서

수보리(須菩提)는 싯다르타의 제자들 중 남에게 음식을 만들어주는 것으로 유명했고, 공(空) 사상에 정통하여 해공제일(解空第一)의 제자라는 별칭을 얻었다. 《금강경》은 아난다에게서 들은 수보리와 세존의 대화를 우리에게 전승한다. 불법(佛法)을 조금이나마 귀동냥한 사람이라면 무엇이 잘못된 견해인지에 대해 말할 수 있다. 하지만 무엇이 '바른 깨달음'인지에 대해서는 말하기 힘들다. 수보리는 구도자다. 삶의 본질적인 의미를 추구하여 완전한 삶을 누리려는 원대한 뜻을 가진 사람이다. 진리를 알려는 단호한 의지를 가졌을 때 우리는 보리심을 내었다고 말한다. 지금 수보리는 보리심을 낸 선남자와 선여자를 대표하여 싯다르타에게 설법을 구하고 있다.

부처님께서 말씀하셨다. "'나는 온갖 중생들을 열반에 들게 할 것이다. 내가 많은 중생을 열반에 들게 하였으나 실제 열반을 얻은 중생은 아무도 없다.' 모든 보살들은 이처럼 마음을 다스려야 한다. 수보

리여! 보살에게 아상(我相)·인상(人相)·중생상(衆生相)·수자상(壽者相)이 있다면 보살이 아니다."

- 《금강경》, 제3품 〈대승의 바른 가르침(大乘正宗分)〉 중에서

사상(四相), 즉 나에 관한 네 가지 상의 의미에 대해서는 해석하는 사람마다 다양한 견해를 제시하여 전문가들도 혼선을 빚고 있다. 사상은 싯다르타가 활동하던 당시 고대 인도인들이 사용한 '나'에 관한 일상적 언어였다. 아상은 아트만이고, 중생상은 사트바(sattva)다. 《우파니샤드》가 지목하는 그대로 아트만이 자아의 근원적 실체를 가리키는 말이라면 사트바는 자아의 실존적 모습을 가리키는 말이다. 염라대왕이 나치케타에게 가르쳐준 인간의 근원적 자아가 아트만이라면 나치케타가 붙들려 있던 죽음의 운명 앞에 번뇌하는 존재가 곧 사트바일 것이다. 또 수자상은 지바(jiva)이고 인상은 푸드갈라(pudgala)다. 자이나교의 가르침에 따르면 인간의 영혼 '지바'는 '푸드갈라'라는 욕망의 끈끈이 때문에 육체에 붙들려 있다고 한다. 그래서 영혼을 육체에서 자유롭게 하려면 푸드갈라를 녹여내는 혹독한 고행이 요구되는 것이다. 고대 인도인들이 사용한 사상은 오늘날의 현대적 어법으로 생각하면 '자아-존재-영혼-육체'처럼 '나'의 또 다른 표현들이라고 봐야 할 것이다. 중요한 것은 나에

관한 상(相)을 버리라는 주문이다.

나는 젊었을 때 공장에서 일한 적이 있다. 출세하고 싶은 야심은 없었으나 나의 재능을 발휘하고 싶은 욕심마저 버리기란 쉽지 않았다. 공장에 취업하는 과정도 멀고 힘들었으나 취업하여 하루 12시간 쇳가루를 마셔가며 기계와 씨름하는 것은 더욱 독한 인내를 요구했다. 귀청이 떠나갈 듯한 굉음 속에서 화장실 갈 틈도 없이 쏟아져 나오는 자동 연속 공정의 물량을 해치우다 보면 몸은 파김치가 된다. 육체노동만 힘든 것이 아니었다. 작업이 끝난 다음에는 또다시 선술집으로 가야 했다. 한차례 투쟁이 일어나면 우리는 위장 취업자로 지목되었다. 이어서 해고되었고 구속되었다. 구속을 피한다 해도 기약 없는 수배자의 삶, 끊임없는 불안과 긴장의 나날을 살게 되었다.

한국의 명승지는 모두 절이다. 경찰에 쫓기다 보면 깊은 산속 절간까지 밀려나는 경우가 왕왕 있다. 절은 천국이다. 보이는 것은 봄날 천지를 화사하게 물들인 꽃나무요, 들리는 것은 물소리와 새소리다. 이 무릉도원에 파묻혀 목탁을 두드리는 스님의 해맑은 얼굴을 뵙노라면 절로 스님의 길이 부러워진다. 그때마다 나는 노동운동가들도 스님 못지않은 도를 실천하는 보살들이라 자위하곤 했다. 지난 1980년대 공장노동자가 되어 노동운동에 헌신한 이들은 모두 역사의 보살이라고 생각했다.

언제였던가. 이기영 선생이 해설한 조그만 책자《금강경》을 펼친 적이 있다. 그때 나의 눈에 "아상을 버려라"는 구절이 꽂혔다. 나는 이 구절 앞에서 한참 동안 떨었다. '위로는 진리를 구하고, 아래로는 중생을 제도하라'는 불교의 주문처럼 나 역시 진리 탐구에 게으르지 않았고, 대중에게 진리를 전파하면서 대중의 깨달음을 돕는 일에 누구 못지않게 열과 성을 다했다고 자부하고 있었다. 그런 나의 등 뒤에서 붓다는 죽비를 내리치고 있었다.

> 또 수보리여! 보살은 마땅히 어떤 대상에도 집착 없이 보시해야 한다. 말하자면 형색에 집착 없이 보시해야 하며, 소리, 냄새, 맛, 감촉, 마음의 대상에도 집착 없이 보시해야 한다.
>
> — 《금강경》, 제4품 〈행이 묘하며 머무름이 없다(妙行無住分)〉 중에서

수행자가 지켜야 할 계율에는 여섯 가지가 있다. 보시(布施), 지계(持戒), 인욕(忍辱), 정진(精進), 선정(禪定), 반야바라밀(般若波羅蜜)이 그것이다. 이 여섯 계율 중에 가장 중요한 것이 보시, 즉 남을 돕는 것이다. 성현들은 모두 남모르게 이웃을 도우라고 말했다. 예수는 왼손이 하는 일을 오른손이 모르게 하라고 했고, 노자는 공을 이루면 몸을 물러나게 하라고 했다. 싯다르타는 '상을 남기지 말고 도울 것'을 가르쳤다. 어려운 주문이다.

예전에는 '삶은 고(苦)'라는 싯다르타의 견해를 지나치게 염세적인 것으로 이해했다. 탐욕을 품기 때문에 다툼이 생기고 다툼 때문에 번뇌가 일어나는 것이니 탐욕을 버리면 번뇌가 없어진다는 싯다르타의 견해는 사리사욕에 젖어 사는 범부들에게 분명 훌륭한 삶의 지혜다. 하지만 "보라, 모든 것이 불타고 있다"라며 욕망 자체를 고통의 원인으로 규정하는 것은 과도한 금욕주의가 아닌가 생각했다. '고'의 의미에 조금 잘못 접

근했던 것이다.

싯다르타의 '고'란 육체적 고통을 지칭하는 것이 아니다. 가난한 집안의 어린아이들이 제때 밥을 먹지 못해 겪는 굶주림의 고통, 아무런 법적 보호도 받지 못하는 공장노동자가 하루 12시간 이상 일해야 하는 고통을 지칭하는 '고'가 아니었다. 굶주림의 고통은 밥을 충분히 먹으면 해결되는 고통이요, 과한 노동의 고통 역시 하루 8시간 노동제와 주 40시간 노동제가 실시되면 사라지는 고통이 아니겠는가?

싯다르타가 설산에서 6년 동안이나 몸부림쳤던 그 '고', 보리수나무 아래에서 12연기를 떠올리며 해결했던 그 '고', 사성제의 제1제로 정식화된 그 '고'는 인간의 사회적·경제적 조건에 따라 악화되기도 하고 해결되기도 하는 그런 '고'가 아니었다. 싯다르타가 붙들었던 '고'는 사람이라면 누구나 당면하게 되는 고통, 즉 죽음 앞에서 느끼는 불안이었다. 일체개고(一切皆苦) 말이다. 싯다르타는 모든 생명이 안고 있는 근원적 괴로움, 그러니까 죽음 앞에 선 불안을 극복하는 길을 찾아 나섰던 것이다. 제5품에서는 이 궁극적인 '고'를 넘어서는 길이 등장한다.

"수보리여, 그대 생각은 어떠한가? 몸의 형상으로 여래를 볼 수 있는가?"

"없습니다. 세존이시여! 몸의 형상으로는 여래를 볼 수 없습니다. 왜냐하면 여래께서 말씀하신 몸의 형상은 몸의 형상이 아니기 때문입니다."

부처님께서 수보리에게 말씀하셨습니다.

"무릇 모든 형상은 허망한 것이니, 만약 모든 형상이 형상이 아님을 본다면 바로 여래를 보리라."

— 《금강경》, 제5품 〈참다운 이치를 보라(如理實見分)〉 중에서

범소유상 개시허망(凡所有相 皆是虛妄), 약견제상비상 즉견여래(若見諸相非相 卽見如來). 그 유명한 '범소유상 개시허망'이 나왔다. 여기에서 '상'이란 무엇인가? 지안 스님은 '상'을 '신체적 특징들'이라고 보았다. 그래서 지안 스님은 이 사구게를 "신체적 특징들은 모두 헛된 것이니 신체적 특징이 신체적 특징이 아님을 본다면 바로 여래를 보리라"라고 풀이한다. 자구의 의미에 너무 충실하다 보면 글의 맛을 놓치는 경우가 있는데, 지안 스님의 번역이 여기에 해당하는 것 같다. 한편 김용옥은 "무릇 모든 형상은 허망한 것이니 만약 모든 형상이 형상이 아님을 본다면 바로 여래를 보리라"라고 풀이한다. 번역이 너무 멋을 부리다 보면 텍스트의 원뜻에서 멀어지는 경우가 있는데, 이 경우가 그런 의역의 모험을 범하고 있는 것은 아닌지 모르겠다. "모든 형상은 허망한 것"이라는 구절은 싯다르타의 원뜻을 너무 한쪽으로 지나치게 비튼 것이 아닌가? 싯다르타는 모든 사물의 자성이 없다고 말했지, 모든 사물이 허망하다고 가르친 것은 아닌 듯하다. 허망이란 단어는 다소 염세적이다. '모든 형상은 허상이다!'라고 옮기자.

뗏목을 이고 가는 사람들

"수보리여! 만일 중생들이 마음에 상을 가지면 아상·인상·중생상·수자상에 집착하는 것이다. 그러므로 마땅히 법에 집착하지 말 것이며, 법이 아닌 것에 집착해서도 안 된다. 너희 비구들이여! 나의 설법은 뗏목과 같다. 법조차 버려야 하거늘 하물며 비법(非法)이야!"

－《금강경》, 제6품 〈바른 신심을 지니기가 힘들다(正信希有分)〉 중에서

어떤 사람이 여행을 하는데 커다란 홍수를 만났다. 이 언덕은 위험하고 저 언덕은 안전한데, 이 언덕에서 저 언덕으로 가는 데는 다리도 없고 나룻배도 없었다. 그래서 그는 풀과 나뭇가지와 잎사귀를 모아 뗏목을 만들었다. 뗏목에 몸을 싣고 두 손으로 저어 건너편 언덕으로 갔다. 그런데 건너편 언덕에 도착하자 뗏목을 버리기 아쉬웠다. 그리하여 그는 이렇게 생각했다. '이 뗏목을 머리에 이고 가면 어떨까?'

뗏목은 방편이다. 지금 싯다르타는 속세의 차안에서 열반의 피안으로 건너는 지혜를 우리에게 말하고 있다. 윤회의 수레바퀴에서 벗어난 해탈을 이루는 것은 모든 고대인의 염원이었다. 싯다르타의 법은 우리를 차안에서 피안으로 옮겨주는 뗏목이다. 그런데 법이 좋다고 뗏목처럼 법을 머리에 지고 가는 사람이 있다. 이론은 우리를 진리로 안내하는 도구일 뿐이다. 그런데 진리를 깨닫는 일, 즉 정각(正覺)에는 게으르고, 자신의 현학(玄學)을 드러내는 도구로 이론을 이용하는 사람이 있다. 이런

사람을 위해 싯다르타는 '뗏목의 우화'를 들려준다. 싯다르타가 설하는 법도 버려야 하거늘, 하물며 비법이야 더 말할 나위가 있겠는가?

내가 《뗏목을 이고 가는 사람들》이라는 책을 출간한 것이 1992년, 내 나이 서른네 살 때의 일이었다. 그 당시 나는 노동운동에 몸담고 있었는데, 수배자의 몸으로 동가식서가숙하면서 새로운 시대의 이념적 출구를 찾기 위해 예수도 읽고 공자도 읽고 붓다도 읽었다. 처음 만나는 불교 성전은 나에게 붓다의 신선한 얼굴을 보여주었다. 평소 '자신의 머리로 생각하는 사람'이 되라고 후배들에게 역설해오던 터에 '자기 자신과 법을 등불 삼아 귀의처로 삼으라'는 싯다르타의 말씀은 내게 한마디로 느낌표였다. 나는 불교를 염세적이고 현실도피적인 종교로 알고 있었는데, 그런 것이 아니었다. 보타바루와 싯다르타의 대화는 충격 그 자체였다.

보타바루 | 죽은 뒤에 사람은 존재하는 것입니까, 존재하지 않는 것입니까?

싯다르타 | 그것은 내가 설하지 않는 바다.

보타바루 | 그렇다면 세존은 무엇을 설하십니까?

싯다르타 | 보타바루여, 나는 괴로움을 설하고 괴로움의 원인을 설하며 괴로움의 소멸을 설하고 괴로움의 소멸에 이르는 길을 설하느니라.

싯다르타는 관념적이고 현학적인 자들의 말장난을 애당초 좋아하지 않았다. 오직 괴로움에 붙들려 사는 인간의 삶을 자유롭게 하기 위해 설법한 것이다. 이념이 중요한 것이 아니라 고통받는 민중의 삶이 중요한 것이 아니겠는가? "모든 이론은 회색이고 오직 푸르른 것은 저 영원한 생명의 나무"라고 괴테는 말했다. 우리는 이미 죽어버린 과거의 현실과 이것을 집약한 이론에 얽매이지만 중요한 것은 부단히 변화하는 현실의 움직임을 따라잡고 연구하는 태도다. 법까지도 뗏목처럼 버려야 하거늘 하물며 비법이야 더 말할 나위가 있겠는가.

원래 책 제목을 '뗏목을 이고 가는 사람들'이라고 정한 것은 세상의 모든 이론은 강을 건너기 위한 방편에 지나지 않으므로, 강을 건넜으면 뗏목을 버리듯 우리의 현실을 있는 그대로 이해할 지적 안목을 길렀으면 혁명운동의 교과서는 버려도 좋다는 것을 강조하기 위해서였다.

'정각'이란 무엇이냐

———

생겨나지도 않고 소멸하지도 않으며(不生亦不滅),
오는 것도 아니고 가는 것도 아니다(不來亦不出).

용수(龍樹)의 그 유명한 《중론(中論)》의 첫머리다. 생겨나고 소멸한다는 것은 생사의 주체인 '나'를 전제할 때 비롯되는 사건이다. 세계를 있는 그대로 보면 애당초 생겨나는 것도 소멸하는 것도 없다. 세계를 있는 그대로 보지 못하고 개체로서 분열된 세계를 보기 때문에 개체의 생과 멸이 있고 개체의 오고 가는 것이 분별되는 것이다. 개체가 아닌 전체로서 세계를 보면 오는 것도 없고 가는 것도 없다. 봄이 되면 산에 꽃이 피고 가을이 되면 낙엽이 떨어진다. 꽃이 피고 낙엽이 지는 일련의 과정이 모두 산의 모습일 따름이다. 세상 속으로 들어가면 내 것과 네 것을 가르고 다투면서 헤어 나오지 못할 만큼 견고한 아집의 껍데기에 갇힌다. 세상 밖으로 나가보자. 아집을 비우고 세계와 화해하는 마음을 일으켜 보자. 중국 송나라의 시인 소동파가 적벽의 강 아래에서 밝은 달을 보고 〈적벽부(赤壁賦)〉를 읊으며 술잔을 기울인 그날 밤, 그 배에 동승하는 것은 어떠한가?

그대도 저 물과 달을 아시는가?
세상은 저 물처럼 흘러가지만 일찍이 흘러간 적이 없고,
저 달처럼 차고 이지러지지만 본디 줄고 늚이 없습니다.
무릇 변하는 입장에서 본다면
천지도 단 한순간이요
변하지 않는다는 입장에서 본다면
만물과 내가 영원하니
또 무엇을 부러워하겠습니까?
무릇 이 천지 세상에 사물은 각기 주인이 있는 법,
만약에 나의 소유가 아니라면
털끝 하나라도 취해서는 안 될 일이나

오직 강 위의 맑은 바람과 산 위의 밝은 달이 있어,

귀로 들으면 소리가 되고, 눈으로 보면 그림이 되나니

취(取)해도 금(禁)할 자 없으며, 쓴다 해도 다 쓰지 못합니다.

이는 조물주가 준 한없는 보물이므로

나와 그대가 함께 즐기지요.

《금강경(金剛經)》

《반야심경》과 함께 오늘날까지 독송되는 대승불교의 핵심 경전. '금강반야경', '금강반야
바라밀경'이라고도 불린다. 중국 선종의 제5조인 홍인 이후부터 중요시되었고, 제6조인
혜능은 이 경문을 듣고 발심하여 출가했다고 한다. 우리나라에서는 고려의 지눌이 불교를
배우고자 하는 사람이라면 반드시 읽어야 하는 경전으로 제시하면서 널리 유행하게 되었
다. 《금강경》은 공(空)이라는 말을 한 번도 쓰지 않으면서 공 사상을 설명하는 것이 특징이
다. 인도, 중국, 한국, 티베트 등지에 800여 가지 이상의 주석서가 있을 만큼 불교의 학파
를 불문하고 큰 관심을 보이는 중요한 경전이다.

천국으로 가는
티켓을 반납한다

내 삶의 태양이 정오를 지나 서산을 향해 기울어가고 있음을 발견한 것은 마흔쯤의 일이었다. 1993년 김영삼 정부가 들어선 후 나는 다시 대학에 발을 딛게 되었다. 서른여섯의 일이었다. 그 나이에 굳이 늦깎이 복학생의 길을 선택한 이유는 그것이 늙어가는 어머니의 마지막 소원이었기 때문이다. 이런 나의 어리석은 고백을 들으면서 한심한 사람이라고 혀를 끌끌 찰 수도 있으리라. 그러나 나는 이 선택에 대해 굳이 변명을 하고 싶지는 않다. 우리에게 효는 종교 그 이상의 것이었다.

복학에서 졸업으로 가는 길은 참으로 멀고도 험했다. 경제학과 교수들의 엄격함은 넘기 힘든 산이었다. 경제학 원론에서 세 번이나 F 학점을 받았다. 어렵게 선택한 복학을 중도에 포기해야 하는가, 계속 다녀야 하는가, 괴로운 물음에 직면했다. 명절날이 오면 죽을 맛이었고, 사람들의 동정과 연민은 내 속을 긁었다. 마흔이면 한창 나이인데, 사는 게 너무도 힘들었던 나는 지도교수를 만나 여쭈었다.

"선생님, 인생을 어떻게 살아야 합니까?"
"자네 몇 살인가?"
"내년이 마흔입니다."
"좋은 나이지."

지금도 지그시 감은 교수님의 실눈이 생생히 떠오른다. 그때 정년 퇴임을 눈앞에 두고 있었던 교수님은 나의 젊음이 무척이나 부러웠던 것 같다. 지금 생각하면 그 당시 왜 그렇게 삶에 조바심을 품었는지 잘 모르겠다. 새파랗게 젊은 청년이 인생을 다 살아버린 것처럼 남은 생을 걱정하고 있었으니 말이다.

마침내 졸업을 하게 되었다. 1977년에 대학을 들어가 1998년에 졸업했으니 21년 만에 받는 졸업장이었다. 공교롭게도 그날 어머니가 돌아가셨다. 나는 졸업장을 어머니 무덤 속에 넣어드렸다.

그 후 또다시 10여 년의 세월이 무심하게 흘렀다. 사람을 만나는 것을 좋아하는 나는 벗들을 만나 밤새워 대화하는 것을 즐기며 살았다. 그것은 일종의 오만이었다. 어느 날 밤인가 나는 쓰러졌다. 2007년 4월 어느 깊은 산속에 있는 암자에서 일어난 일이다. 헬리콥터에 묶여 창공을 날았다. 한동안은 말도 제대로 할 수 없었고 지금도 팔다리가 불편하다. 이후 인생의 노선을 바꾸지 않을 수 없었다.

2009년 전남대 철학과 대학원에 진학했다. 공부는 원래 내가 하고 싶은 일이었다. 어려서부터 깨끗한 학자가 되길 꿈꾸었으나 그러지 못한 것은 불우한 정치적 상황 때문이었다. 민주주의를 위해 청춘을 바쳤고 그것을 후회하지는 않는다. 살아서 독재 정권을 몰아낸 것만으로도 우리의 젊음은 축복받은 것이다. 게다가 역사의 무대에서 조연으로라도 역할을 했으니 이 얼마나 대단한 일인가? 그리하여 이제 여생을 공부에 집중할 수 있게 된 것은 지금도 역사의 일선에서 분투하는 벗들에게는 미안한 일이나, 지금 나는 행복하다.

나는 나의 병이 고맙다. 돌이켜 생각하면 병은 누적되어온 잘못된 습관의 결과였다. 하루도 빠짐없이 벗들과 술을 즐겼으니 뇌의 모세혈관이 막히는 것은 필연이었다. 병은 잘못된 습관을 바로잡으라는 자연의 신호다. 지금은 맥주 한두 잔 마시는 것으로 삶의 즐거움을 누리는데, 이런 정도로 건강이 유지된다면 나는 행복할 것이다.

《철학 콘서트 3》을 출간하기까지 10년의 세월이 흘렀다. 젊은 시절 '정인'이라는 필명으로 책 몇 권을 낸 경험이 있기에 《철학 콘서트》의 경우 출판사를 잡지 못해 나의 글이 폐기 처분되리라곤 꿈에도 생각하지 못했다. 그런데 웬걸, 원고를 받아든 출판사마다 함량 미달이라며 출판을 거절했다. 출판사에서 퇴짜를 맞은 작가들은 되지도 않은 글을 썼다는 자괴감, 그따위 글을 감히 출간하려 했던 경솔함, 여기서 불현듯 솟구치는 수치심, 마지막 남은 한 방울의 기(氣)까지 빨아가는 굴욕감에 사로잡힌다. 2002년부터 《철학 콘서트》를 쓰기 시작해 원고를 완성하기까지 2년이 걸렸는데, 그 깊은 절망의 계곡에서 허우적거리면서 또다시 2년의 세월을 허비했다.

나는 철학의 초심자다. 철학이라는 산은 내가 등정하기에는 여전히 높고 험하다. 내 빈약한 문필이 이 시대의 고뇌, 그 한 자락을 말했다면 철학의 향연, 그 고고한 즐거움을 누리는 것은 여러분의 몫이다.

초등학교 5학년의 어느 날부터인가 아버지는 해남의 땅끝 마을에 있는 선산을 찾기 시작했다. 당시엔 해남으로 가는 길이 험했다. 포장도로는 고사하고 달리는 버스 안으로 먼지가 풀풀 날리는 것도 당연했으며, 움푹진 곳을 버스가 달리노라면 뒷좌석의 승객은 상하좌우로 심하게 춤을 췄다. 양동 시장에서 철조망을 사 가지고 그 먼 길을 떠나는 아버지의 모습이 지금까지 잊히지 않는 걸 보면 삶과 죽음은 역시 숙연한 데가 있는가 보다.

철학이 죽음 앞에 선 우리의 고뇌를 해결해주지는 않는다. 다만 그 풀기 힘든 난제에 대한 색다른 사유를 보여줄 뿐이다. 나에게는 날아갈 신이 없다. 카라마조프가의 이반처럼 나도 천국으로 가는 티켓을 반납한다. 날아가 안주할 신이 없기에 나의 탐색은 끝이 없을 것이다. 설령 나의 진리 찾기가 시시포스의 형벌일지라도 나는 이 운명을 거부하지 않을 것이다.

안광복이 묻고
황광우가 답하다

《철학 콘서트》는 2006년에 1권을 출간했고, 2017년이 11주년입니다. 그동안 30만 부가 판매되면서 철학의 대중화에 일조했다는 평을 들었습니다. 개정증보판을 기념해 황광우 작가와 안광복 선생(중동고 철학 교사)이 나눈 대담을 싣습니다.

문 : 2012년에 《철학 콘서트 3》을 발간하였습니다. 육체적 고난을 겪은 이후의 저작이라 더 눈길을 끌었습니다. 역사적으로 보면 사마천이나 스피노자처럼 고난을 겪은 후에 빛나는 저작을 남긴 사람들이 많습니다. 고난은 사상가들에게 어떤 영감을 준다고 하는데 육체적 고난은 선생님에게 어떤 깨달음을 주었습니까?

답 : 절망적이었습니다. 의사들은 나의 지적 능력을 테스트하였습니다. '4 +

7 +5'는 얼마냐고요. 인생이 여기에서 끝나는가 싶었습니다. 평생 어려운 이웃을 위해 살아왔는데, 정작 내 자신이 '어려운 이웃'이 되어버렸습니다. 친구들이 내게 보여주는 '동정의 눈빛'이 가장 견디기 힘들었고요. 살면서 내 뜻대로 되지 않는 일도 있음을 인정하게 되었습니다. 내가 그 외롭고 절망적인 상황에서도 삶의 즐거움을 느낄 수 있었던 것은 고전 덕택이 아닌가 싶습니다. 《철학 콘서트 3》을 집필하면서 삶에 대한 자신감을 회복했다고 할까요?

문 : 1970년대 윌 듀런트의 《철학 이야기》는 대표적인 철학 개론서였습니다. 그런데 듀런트의 《철학 이야기》는 모두 서양철학자에 관한 책이었습니다. 1980년대 유행한 조성오의 《철학 에세이》는 1940~50년대에 출간된 '유물변증법' 서적들을 모아 재구성한 책이었죠. 또 김교빈과 이현구의 《동양철학 에세이》가 인기리에 읽혔던 시절도 있었습니다. 이들 개론서들과 달리 《철학 콘서트》는 동양과 서양의 철학자들을 폭넓게 아우르고 있습니다. 선생님은 독자들에게 동·서양의 철학을 두루 섭렵하는 것이 중요하다고 하셨는데, 동·서양 철학의 어떤 부분을 배우면 좋을까요?

답 : 나의 경우 죽음에 대한 현자들의 사유를 비교하는 것이 즐거웠습니다. 죽음의 문제는 바로 신과 영혼의 문제로 이어지는데요, 죽음에 대한 소크라테스의 태도와 석가모니의 태도를 비교하는 것은 아주 흥미롭습니다. 여기에다가 공자와 묵자의 견해를 비교하며 읽으면 더욱 흥미롭고요.

소크라테스의 죽음 예찬은 영혼불멸을 전제로 한 유신론자의 사생관입니다. 반면 석가모니의 견해는 죽음에 대한 인간의 오도된 사유를 꾸짖는, 무신론

자의 합리적 견해이지요. 묵자는 유신론자의 사생관을 솔직히 말하는데, 공자는 이 문제 앞에서 버벅거리죠. 귀신이 있어, 없어? 명확히 있다고도 말하지 않고, 없다고도 말하지 않지요.

문 : 많은 독자가 리뷰를 올렸습니다. 독자들은 '시인 황지우'와 '노동운동가 황광우'의 사연에 대해 호기심을 보였습니다. 작가 황광우에게 황지우는 어떤 존재입니까?

답 : 황지우는 어린 시절 나의 멘토였습니다. 내가 칸트의 《순수이성비판》에 대해 처음 이야기를 들은 것이 중학교 2학년 겨울이었어요. 문리대 철학과에 들어간 형이 고향에 내려와 동생에게 플라톤의 이데아와 칸트의 순수이성에 대해 설을 풀었어요. 1976년에서 1977년으로 넘어가는 겨울, 나는 도스토옙스키 전집에 푹 빠집니다. 황지우의 영향이었습니다. 1977년 3월 대학 입학식을 마치고 집에 돌아왔는데, 형이 그러는 거예요. "인마, 플라톤의 《국가》, 공자의 《논어》 두 권만 읽어."

이후 나는 2015년 '플라톤과 호메로스 간의 불화'를 다룬 《철학의 신전》을 집필합니다. 40여 년이 지난 후였습니다. 내가 이 책을 쓸 수 있었던 것은 스무 살 때부터 끼고 다닌 콘포드(Cornford)판 《국가》 덕택이었던 것 같습니다.

내가 학생운동에 뛰어든 이후 형은 나의 후원자였습니다. 감옥에 들어가 있을 때 형은 옥바라지를 전담하였어요. 형이 넣어준 영어판 《성경》에는 갈피마다 비밀 편지가 적혀 있었어요.

내가 공장에 들어가고 여러 해 동안 수
배 생활을 하는데, 형사들은 주로 나의
아내와 형을 닦달했습니다. 수배자 동
생을 두는 바람에 형도 무진 고초를 당
했습니다. 결국 형도 집을 나와 떠돌았
죠. 1986년 즈음의 일입니다. 황지우
의 대표작 〈너를 기다리는 동안〉이라
는 시는 이런 시국에서 탄생했습니다.

내가 대학 시절 글쓰기 수업을 받았다면, 그것도 형 때문이었습니다. 미학과
교수들이 황지우에게 부과한 여러 편의 번역 숙제가 결국은 나에게 넘어왔
습니다. 돌이켜 생각하니 나에겐 큰 공부였습니다. 한 시인의 게으름이 그 동
생을 작가의 길로 인도한 것이죠. 프랑스 현대 철학자 메를로 퐁티(Merleau
Ponty)의 철학 논문을 내가 번역해요. 다 게으른 형 탓이었습니다.

문 : 2010년 전남대 철학과 대학원에 입학하였습니다. 나이 52세였습니다.
우스갯소리로, 학생을 가르쳐야 할 분이 학생이 되었습니다. 선생님에게 공
부의 의미는 무엇입니까?

답 : 어린 시절 나의 꿈은 학자가 되는 것이었습니다. 운동을 하면서도 끊임
없이 영어 원서를 읽었습니다. 감옥에서 영어판《성경》을 읽었고요. 노동자
생활을 하면서도 마르크스의 책을 읽었습니다. 오랜 수배 생활을 하면서도
쉬지 않고 원서를 번역했습니다. 20~30대의 나이엔 운동의 길을 찾으려는
방편으로 공부를 하였고, 40~50대의 나이엔 삶을 성찰하려는 방편으로 공

부를 했습니다. 나이 오십에 이르러 철학과에 진학한 것은 젊은 시절 하지 못한 공부를 마음껏 하고 싶어서였습니다.

문 : 대학원에 진학하여 소크라테스와 플라톤, 호메로스 등 고대 그리스의 철학과 문학을 연구한 것으로 알고 있습니다. 그 결과 2013년엔 소크라테스의 삶과 사상을 정리한 《사랑하라》를 출간하였고, 2015년엔 《철학의 신전》을 출간하였습니다. 왜 고대 그리스 철학자들을 연구했습니까?

답 : 마르크스를 넘어서는 것이 나의 화두였습니다. 주지하다시피 마르크스는 헤겔의 제자입니다. 헤겔은 플라톤의 제자이고요. 마르크스를 넘어서기 위해 서양 지성의 뿌리를 캐 나가다 보니, 소크라테스를 거쳐, 호메로스까지 이르게 된 것입니다.

문 : 《철학 콘서트 3》에서는 한 철학자의 사상을 설명하면서 다른 철학자들의 사상과 비교하는 서술 방식을 택하였습니다. 그러한 서술 방식을 선택한 이유는 무엇입니까?

답 : 《철학 콘서트 1》과 《철학 콘서트 2》에는 공히 서양인 여섯 명과 동양인 네 명이 출연합니다. 동양인 네 명 중 한 명이 한국인이고요. 《철학 콘서트 3》에 다산 정약용을 출연시키고 싶었습니다만 내가 다산을 잘 모르는 거예요. 그래서 〈키케로〉 편과 〈주역〉 편과 〈시경〉 편 세 꼭지에 다산을 조연으로 출연시킨 겁니다.

문 : 키케로는 유럽에서 대립되는 두 개의 윤리학 중 한 흐름을 제시했다는

평가를 받고 있습니다. 칸트는 윤리학
에 관한 한, 키케로에게서 배웠다고 술
회하기도 했습니다. 그런데 키케로는
도덕적 선을 강조하면서도 도덕적으로
선한 것이 유익한 것이라 하여 절충적
인 태도를 보여주었습니다. 키케로의
견해는 정당한 것일까요?

답 : '도덕적 선이 유익하기도 하다'는 견해는 철학적으로는 분명 절충론입니
다. 도덕주의와 쾌락주의는 철학적 관점에서 볼 때 양립하지 않습니다. '도덕
적 선이 인간에게 이익이 된다'는 키케로의 발언은 상식적 차원의 조언이 아
니었을까요?

문 : 공자도 인정했듯이 《주역》은 점서입니다. 오늘날에도 《주역》이 인기 있
는 이유는 바로 점서라는 성격 때문이 아닌가 생각합니다. 심심풀이로 《주
역》 점을 보는 사람도 있겠지만, 상당수는 어려움에 처했을 때, 아니면 무엇
인가 다른 시도를 하고자 할 때 점을 보게 되는 것 같습니다. 미래의 불확실
성 때문이겠지요. 그래서 질문합니다. 《주역》 점을 보고 점괘를 얻었을 때 유
의해야 할 점이 무엇이라고 생각하십니까?

답 : 우리는 '언제 무엇을 할 것이냐?'는 선택의 물음에 늘 직면합니다. 《주
역》이 점서이긴 하지만 사적 이익을 탐하는 수단으로 이용해서는 안 된다고
합니다. 인간의 마음은 종잡을 수 없을 만큼 수시로 변합니다. 나는 《주역》을
'내 마음을 반성하는 거울'이라 봅니다.

문 : 칸트는 철학의 과제를 형이상학에서 인식론으로 전환시킴으로써 철학과 과학을 분리시켰다고 볼 수 있습니다. 즉 우주만물의 탐구는 과학의 영역에 맡기고 철학은 인간 인식의 탐구를 담당하도록 분리시킵니다. 그래서 칸트의 후계자들은 인간의 정신이 사물을 지배한다는 극단적 관념론으로 나아가기도 했습니다. 이런 견해에 대해 어떻게 생각하십니까?

답 : 나는 아리스토텔레스의 실재론을 지지합니다. 칸트의 구성주의는 분명 존중받아야 할 혁신적 사고방식이긴 합니다만, 실재론을 떠난 구성주의적 인식론은 관념론으로 치우칠 수밖에 없습니다.

문 : 니체는 소크라테스와 플라톤에 대해 투쟁을 했습니다. 니체가 소크라테스와 플라톤에 대해 투쟁한 이유는 무엇입니까?

답 : 니체는 어려서부터 호메로스 안에서 놀았던 소년이었습니다. 동시에 부모로부터 물려받은 기독교적 전통을 놓고 고뇌하였을 것입니다. 니체가 소크

라테스와 플라톤에 대해 투쟁한 이유는 소크라테스와 플라톤의 신이 고스란

히 기독교로 전승되어왔다고 보았기 때문입니다.

문 : 니체는 여성에 대해 서슴없이 독설을 퍼부었습니다. 이외에도 니체의 주

장에는 오늘날 용납하기 어려운 것들이 많습니다. 그럼에도 우리가 니체 철

학을 공부해야 하는 이유가 무엇이라고 생각하십니까?

답 : 나의 니체 선호는 돌이켜보면 황지우의 니체 애호로부터 감염된 것 같습

니다. 긴 수염, 형형한 눈빛의 철인은 어린 시절 나에게 예언자와 같은 권위

로 다가왔습니다. 커서 니체의 저작들을 읽어보니, 니체는 여성을 비하하고,

민주주의를 욕하고, 노동자를 노예로 간주하는 철학자였어요. 쓰레기통에 집

어넣어야 할 이야기들이 많았습니다. 그의 문체 역시 펜 끝의 기교에서 나오

는 것입니다. 그럼에도 불구하고 우리가 니체를 읽어야 한다면 서양 정신의

자기 파괴, 자기 부정을 정직하게 선포하고 있기 때문이라 봅니다.

문 : '나의 실체는 없다' 이것이 붓다의 깨달음이라 합니다. 그런데 데카르트

식으로 말하면 '깨닫는 나'가 존재할 수밖에 없습니다. 이렇게 되면 순환논법

에 빠지게 됩니다. 이런 견해에 대해 어떻게 생각합니까?

답 : 참 재미있는 접근입니다. 불가에서는 '나의 실체는 없는 것이며, 깨달음

을 얻는 주체'도 없음을 강조하지요. 그런데 데카르트식 접근에 의하면 궁극

적으로 '나'는 존재할 수밖에 없네요.

'나는 생각한다. 그러므로 나는 존재한다'는 명제에 대해 나는 불교적 접근에

따라 '생각하는 나'는 '실체가 없는 것'이라고 생각한 적이 있습니다. 이런 유

의 사유들은 모두 지식인의 사유 놀음이 아닐까요?

문 : 《철학 콘서트 3》에서 도스토옙스키의 《악령》을 해설했습니다. 왜 문학작품을 다루었는지 궁금합니다.

답 : 도스토옙스키의 《악령》에는 죽음과 신을 둘러싼 작가의 예지가 도처에 산재합니다. 주로 키릴로프의 입을 통해 작가의 고뇌가 설파됩니다. 유럽의 합리주의를 배운 지식인들이 기독교의 신으로부터 벗어나기 위한 몸부림이죠.

문 : 《철학 콘서트》의 구성이 특이합니다. 《철학 콘서트》의 압권은 철학자의 삶이 드라마틱하게 연출되면서 주인공의 메시지가 드러나는 부분이라고 생각되는데요, 이 책에 등장하는 철학자들 중에 선생님이 사랑하는 인물은 누구인가요?

답 : 《철학 콘서트》에 등장하는 현자가 25분이라고 하였는데, 주연 말고도 조연까지 합하면 40분이 족히 넘을 겁니다. 예컨대 《철학 콘서트 1》의 〈애덤 스미스〉 편엔 벤담과 롤스가 등장하고, 《철학 콘서트 3》의 〈공자〉 편엔 묵자와 마테오 리치가 출연합니다. 모두가 연애편지를 주고받은 나의 연인들이죠.

문 : 이 책에서 독자들에게 꼭 권하고 싶은 철학자를 한 분 꼽으라면 누구를 꼽으시겠습니까?

답 : 글쎄요. 장자를 꼽을까요?

문 : 《철학 콘서트 3》 이외에도 《사랑하라》, 《철학의 신전》, 《역사 콘서트》 등

여러 편의 저작을 발표하였습니다. 공자는 나이 50에 지천명하고 60에 이순(耳順)했다고 했습니다. 선생님은 지천명의 나이에 투병을 했고, 이제 이순의 나이를 향하고 있습니다. 선생님께서는 어떤 책을 더 쓰고 싶은가요?

답 : '노동에 대한 성찰'을 담는 책을 쓰고 싶습니다. 뜻대로 될는지 모르겠습니다.

참고문헌

Chapter 1 | 오디세우스, 여신의 유혹을 물리치다

- 《선악의 저편·도덕의 계보》, 프리드리히 니체 지음, 김정현 옮김, 책세상 발행, 2002.
- 《세계와 인간을 탐구한 서사시 오뒷세이아》, 강대진 지음, 아이세움 발행, 2009.
- 《오뒷세이아》, 호메로스 지음, 천병희 옮김, 숲 발행, 2006.
- 《일리아스》, 호메로스 지음, 천병희 옮김, 숲 발행, 2007.
- 《정치경제학 비판 요강》, 카를 마르크스 지음, 김호균 옮김, 그린비 발행, 2007.
- 《The Cambridge Companion to Homer》, Robert Fowler, Cambridge University Press, 2004.
- 《The Distaff Side》, Beth Cohen, Oxford University Press, 1995.
- 《The Iliad》, Homer, trans. by Robert Fagles, Penguin, 1993.
- 《The Odyssey》, Homer, trans. by Robert Fagles, Penguin, 1994

Chapter 2 | 철학자가 미소년을 사랑한 까닭은?

- 《고르기아스》, 플라톤 지음, 김인곤 옮김, 이제이북스 발행, 2011.
- 《그리스 철학자 열전》, 디오게네스 라에르티오스 지음, 전양범 옮김, 동서문화사 발행, 2008.
- 《알키비아데스 I·II》, 플라톤 지음, 김주일·정준영 옮김, 이제이북스 발행, 2007.
- 《에우티프론, 소크라테스의 변론, 크리톤, 파이돈》, 플라톤 지음, 박종현 역주, 서광

사 발행, 2003

- 《영혼의 역사》, 장영란 지음, 글항아리 발행, 2010.
- 《이소크라테스》, 김봉철 지음, 신서원 발행, 2004.
- 《플라톤 철학과 헬라스 종교》, 칼 알버트 지음, 이강서 옮김, 아카넷 발행, 2011.
- 《플루타르크 영웅전 I·II》, 플루타르코스 지음, 홍사중 옮김, 동서문화사 발행, 2007.
- 《크세노폰의 향연·경영론》, 크세노폰 지음, 오유석 옮김, 작은이야기 발행, 2005.
- 《향연》, 플라톤 지음, 강철웅 옮김, 이제이북스 발행, 2009.
- 《Gorgias》, Plato, trans. by Robin Waterfield, Oxford University Press, 1994.

Chapter 3 | 늙은 키잡이는 바람을 읽는다

- 《노년에 관하여·우정에 관하여》, 키케로 지음, 천병희 옮김, 숲 발행, 2005.
- 《로마의 전설, 키케로》, 안토니 에버릿 지음, 김복미 옮김, 서해문집 발행, 2003.
- 《월든: 숲속에서의 생활》, 넥서스 편집부 엮음, 넥서스 발행, 2005.
- 《유배지에서 보낸 편지》, 정약용 지음, 박석무 편역, 창비 발행, 2005.
- 《키케로의 의무론》, 키케로 지음, 허승일 옮김, 서광사 발행, 1989.
- 《플루타르크 영웅전 I·II》, 플루타르코스 지음, 홍사중 옮김, 동서문화사 발행, 2007.
- 《학문의 진보》, 프랜시스 베이컨 지음, 이종흡 옮김, 아카넷 발행, 2002.
- 《Slavery : A World History》, Milton Meltzer, Da Capo Press, 1993.

Chapter 4 | 다하면 변하고 변하면 통한다

- 《난중일기》, 이순신 지음, 이은상 풀이, 현암사 발행, 1968.
- 《다산 평전》, 금장태 지음, 지식과 교양 발행, 2011.
- 《다산의 역학》, 이을호 지음, 민음사 발행, 1993.
- 《성학십도》, 이황 지음, 이광호 옮김, 홍익출판사 발행, 2001.
- 《아나바시스》, 크세노폰 지음, 천병희 옮김, 단국대학교출판부 발행, 2001.
- 《역사》, 헤로도토스 지음, 천병희 옮김, 숲 발행, 2009.

- 《역주 주역사전》, 정약용 지음, 방인·장정욱 옮김, 소명출판 발행, 2007.
- 《유배지에서 보낸 편지》, 정약용 지음, 박석무 편역, 창비 발행, 2005.
- 《자연의 해석과 정신》, 카를 융·볼프강 파울리 지음, 이창일 옮김, 청계 발행, 2002.
- 《주역》, 노태준 역해, 홍신문화사 발행, 2007.
- 《주역, 인간의 법칙》, 이창일 지음, 위즈덤하우스 발행, 2011.
- 《주역본의》, 주희 지음, 백은기 역주, 여강 발행, 1999.
- 《춘추좌전》, 좌구명 지음, 신동준 옮김, 한길사 발행, 2006.
- 《한국 사상가 10인 : 다산 정약용》, 예문동양사상연구원 지음, 박홍식 편저, 예문서원 발행, 2005.
- 《The I Ching》, trans. by James Legge, Dover Publication, 1963.
- 《The I Ching or Book of Changes》, Richard Wilhelm translation rendered into English by Cary F. Baynes, Foreword by C. G. Jung, Princeton University Pres, 1967.

Chapter 5 │ 삶도 모르는데 어떻게 죽음을 알리요

- 《강의》, 신영복 지음, 돌베개 발행, 2004.
- 《공자가어》, 왕숙 지음, 임동석 역주, 동서문화사 발행, 2009.
- 《논어》, 김학주 역주, 서울대학교출판문화원 발행, 2015.
- 《논어집주》, 성백효 지음, 전통문화연구회 발행, 2010.
- 《맹자집주》, 성백효 지음, 전통문화연구회 발행, 2010.
- 《묵자》, 김학주 역저, 명문당 발행, 1993.
- 《사기》, 사마천 지음, 정범진 외 옮김, 까치 발행, 1994.
- 《여씨춘추》, 여불위 지음, 김근 역주, 민음사 발행, 1993.
- 《중국철학사》, 펑유란 지음, 박성규 옮김, 까치글방 발행, 1999.
- 《중국철학사 1》, 김충열 지음, 예문서원 발행, 2003.
- 《천주실의》, 마테오 리치 지음, 송영배 옮김, 서울대학교출판부 발행, 1999.
- 《한글 세대가 본 논어》, 배병삼 지음, 문학동네 발행, 2002.

Chapter 6 | 모이를 거부하는 새가 창공을 가른다

- 《남명집》, 조식 지음, 경상대학교 남명학연구소 옮김, 한길사 발행, 2001.
- 〈노장철학〉, 이경환 지음, 전남대학교 철학과 강의 교재.
- 《장자》, 안동림 역주, 현암사 발행, 2010.
- 《장자》, 한용득 역해, 홍신문화사 발행, 1997.
- 〈장자철학연구〉, 이경환 지음, 박사 학위논문, 중국사회과학원.
- 《장자평전》, 왕꾸어뚱 지음, 신주리 옮김, 미다스북스 발행, 2002.

Chapter 7 | 철학 왕국의 혁명가

- 《데이비드 흄》, 이준호 지음, 살림 발행, 2005.
- 《방법서설》, 르네 데카르트 지음, 이현복 옮김, 문예출판사 발행, 1997.
- 《성찰》, 르네 데카르트 지음, 이현복 옮김, 문예출판사 발행, 1997.
- 《순수이성비판》, 이마누엘 칸트 지음, 정명오 옮김, 동서문화사 발행, 2007.
- 《순수이성비판 서문》, 이마누엘 칸트 지음, 김석수 옮김, 책세상 발행, 2002.
- 《순수이성비판, 이성을 법정에 세우다》, 진은영 지음, 그린비 발행, 2004.
- 《오성에 관하여》, 데이비드 흄 지음, 이준호 옮김, 서광사 발행, 1994.
- 《이성의 운명에 대한 고백》, 이마누엘 칸트 지음, 김상현 옮김, 아이세움 발행, 2010.
- 《임마누엘 칸트》, 오트프리트 회페 지음, 이상헌 옮김, 문예출판사 발행, 1997.
- 《자기의식과 존재사유》, 김상봉 지음, 한길사 발행, 1998.
- 《제3의 눈》, 김용호 지음, 돌베개 발행, 2011.
- 《칸트 평전》, 만프레드 가이어 지음, 김광명 옮김, 미다스북스 발행, 2004.
- 《칸트의 생애와 사상》, 카를 포르랜더 지음, 서정욱 옮김, 서광사 발행, 2001.
- 《Critique of Pure Reason》, Immanuel Kant, trans. by J. M. D. Meiklejohn, J. M. Dent, 1993.
- 《Critique of Pure Reason》, Immanuel Kant, trans. by Paul Guyer and Allen W. Wood, Cambridge University Press, 1998.
- 《Socrates Meets Kant》, Peter Kreeft, Ignatius Press, 2009.

Chapter 8 | 신을 죽인 사나이

- 《니체》, 뤼디거 자프란스키 지음, 오윤희 옮김, 문예출판사 발행, 2003.
- 《니체, 디오니소스적 긍정의 철학》, 백승영 지음, 책세상 발행, 2005.
- 《니체의 사랑과 철학》, 정영도 지음, 서문당 발행, 2006.
- 《비극의 탄생》, 프리드리히 니체 지음, 박찬국 옮김, 아카넷 발행, 2007.
- 《비극의 탄생·반시대적 고찰》, 프리드리히 니체 지음, 이진우 옮김, 책세상 발행, 2005.
- 《선악의 저편·도덕의 계보》, 프리드리히 니체 지음, 김정현 옮김, 책세상 발행, 2002.
- 《실존주의는 휴머니즘이다》, 장 폴 사르트르 지음, 박정태 옮김, 이학사 발행, 2008.
- 《존재와 무》, 장 폴 사르트르 지음, 정소정 옮김, 동서문화사 발행, 1994.
- 《즐거운 학문·메시나에서의 전원시·유고(1881년 봄~1882년 여름)》, 프리드리히 니체 지음, 안성찬·홍사현 옮김, 책세상 발행, 2005.
- 《짜라투스트라는 이렇게 말했다》, 프리드리히 니체 지음, 홍성광 옮김, 펭귄클래식 코리아 발행, 2009.
- 《16세기의 무신앙 문제: 라블레의 종교》, 뤼시앵 페브르 지음, 김응종 옮김, 문학과 지성사 발행, 1996.
- 《From Socrates to Sartre》, T. Z. Lavine, Bantam Books, 1985.
- 《Thus Spoke Zarathustra》, Friedrich Nietzsche, Penguin Classics, 1961.

Chapter 9 | 악령에 붙들린 자들

- 《도스또예프스끼 창작론》, 미하일 바흐찐 지음, 김근식 옮김, 중앙대학교출판부 발행, 2003.
- 《도스또예프스끼 평전》, E. H. 카 지음, 김영익·권영빈 옮김, 열린책들 발행, 2011.
- 《도스토예프스키의 세계관》, N. 베르자예프 지음, 주용택 옮김, 행복한박물관 발행, 2011.
- 《악령》, 표도르 도스또예프스끼 지음, 김연경 옮김, 열린책들 발행, 2002.
- 《이야기 러시아사》, 김경묵 지음, 청아출판사 발행, 1990.

- 《The Devils》, Fyodor Dostoyevsky, Translated with an Introduction by Jessie Coulson, Penguin Books, 1978.

Chapter 10 | 피안으로 건네주는 위대한 노래

- 《근본불교》, 이중표 지음, 민족사 발행, 2003.
- 《금강경》, 이기영 역해, 한국불교연구원 발행, 1978.
- 《금강경 강해》, 김용옥 지음, 통나무 발행, 1999.
- 《조계종 표준 금강경 바로 읽기》, 지안 스님 지음, 조계종출판사 발행, 2010.
- 《불교성전》, 불교성전편찬위원회, 홍신문화사 발행, 1982.
- 《우파니샤드》, 이재숙 옮김, 한길사 발행, 1996.
- 《중론》, 용수 지음, 정화 옮김, 법공양 발행, 2007.
- 《허접한 꽃들의 축제》, 한형조 지음, 문학동네 발행, 2011.

철학 콘서트 ❸

초판 1쇄 발행 2017년 2월 20일
초판 2쇄 발행 2019년 11월 8일

지은이 | 황광우
발행인 | 박재호
편집 | 고아라, 홍다휘, 강혜진
마케팅 | 김용범
관리 | 김명숙
종이 | 세종페이퍼
인쇄·제본 | 한영문화사

발행처 | 생각정원
출판신고 | 제 2011-000320호.(2011년 11월 9일)
주소 | 서울시 마포구 양화로 156(동교동) LG팰리스 814호
전화 | 02-334-7932 팩스 | 02-334-7933
전자우편 | 3347932@gmail.com

ⓒ 황광우 2017

ISBN 979-11-85035-82-6 04100
ISBN 979-11-85035-79-6 (세트)

이 도서의 국립중앙도서관 출판시도서목록(CIP)은 서지정보유통지원시스템 홈페이지(http://seoji.nl.go.kr)와
국가자료공동목록시스템(http://www.nl.go.kr/kolisnet)에서 이용하실 수 있습니다.

만든 사람들
책임편집 | 박재호
교정교열 | 윤정숙
디자인 | 이석운, 김미연
일러스트 | 김동연